理想の教室

名和小太郎

エジソン　理系の想像力

みすず書房

目　次

オリエンテーション

この講義では「エジソン」を取り上げました。〝エジソンを超える〟——これが今回の講義のテーマです。タイトルに「理系の想像力」とあります。「理系の…」と言ったのは、世間の慣行にしたがったもので、正しくは「工学系の…」と言ったほうがよいかと思います。つまり、エジソンを超えることによって、工学系の想像力を発揮しよう——これが講義のテーマです。

いま、理系と工学系ということにこだわりましたが、理系と工学系とでは、どこが違うのかと言えば、お客様（クライアント）が前者にはなくて後者にはある、という点です。はっきり言えば、工学系のほうが社会との繋がりが大きい。この繋がりをしっかりと意識しよう。ここに「エジソンを超える」と言う意味があります。

エジソンですが、徒手空拳で、というのは、資産家の息子でもなく、これといった学歴もなく、親戚に学者がいたわけでもないのに、一九世紀後半に新しく現れたすべての技術分野で、つねに先導的な成果を示した技術者兼事業家でした。一世紀後のビル・ゲイツといったらよい。ただしゲイツのほうは名家のご子息さんなので、エジソンのほうが抜きんでているといってもよいでしょうね。そのエジソンがこの講義の主人公になります。

そのエジソンを、あろうことか「超える」とは、これいかなることか。こう、あなたがたは不審に思うかもしれません。あなたがたは、人生のスタート・ラインに立ったばかりですが、すでにエジソンの知らなかったことを知っています。エジソンの実現できなかった技術を享受しています。エジソンは技術者としてはぴか一であり、事業家としても売れっ子でした。仕事師でもありました。だがそのエジソンの業績を私たちは相対化することができるのです。ここが先人の権威にこだわる芸術や人文学、あるいは社会科学とは違う。技術とはこのようなものです。この意味を意識的に考えてみたい。これが「超える」を考える理由です。

つぎに、この講義のテーマを紹介しましょう。第1回は「エジソンとシステム」、第2回は「エジソンと技術標準」、第3回は「エジソンと特許」――こうなります。なぜ、こうなるのかについては、各講義のなかで説明することにします。

もう一つ、エジソンの活動分野が広いということがあります。三六〇度の全方位にわたるといってもよいでしょう。電信、電話、電灯、発電機、レコード、映画、自動化鉱山、電気自動車など。これらを一つずつ追いかけていたのでは、とても時間が足りません。そこで以下エジソン論を展開するにあたり、枠をはめることにします。「システム工学」がその枠になります。したがってこの講義にサブタイトルを付けるとすれば、それは『システム工学入門』になります。このシステム工学がどんなものであるかについては、第１回の講義で説明するつもりです。

講義に入る前に、もうひと言。この「理想の教室」では、まず、対象となる人物の書いたテキストを紹介し、これを材料にして話を進めていく方法をとることになっています。だが、この方法は、相手がエジソンの場合には不可能といってよい。というのは、エジソンには著書がないからです。じゃあ、雑誌論文やインタビュー記事はどうかということになりますが、たしかにどちらも絶無というわけではありません。だが、雑誌論文はゴースト・ライターに書かせたものですし、インタビュー記事は大向こう受けを狙った提灯持ちの書いたものです。どちらにしても、講義には役立たない。

とはいうものの、エジソンには膨大《ぼうだい》な実験ノート類があります。そのエジソンの資料ですが、それはラトガース大学が保管しています。全部で３５０万ページに達するといいます。このなかから７０００件が選ばれ『トマス・A・エジソン資料集』として現在、刊行中です。最新刊は二〇〇四年に発行された第５巻です。この５巻までに計２０７３件の資料が収録されていますが、残念ながら、それはまだエジソン34歳になるまでの資料にすぎません。エジソンは84歳でこの世を去り、その死後になっても特許をとったりしていますので、これでは不十分です。

ただしエジソンは技術者でした。発明家でした。技術や発明はウソがあっては実現しません。この視点でみると、かれの仕事を物語る証拠としては、まず、発明、つまり発明それ自体があります。つぎに、その発明を自分のものとしてアピールした特許の明細書があります。あるいはエジソンの起こした訴訟の資料もあります。あるいはエジソンの作った会社の資料、あるいはエジソンの部下やライバルが残した記録、それにエジソンに関する第三者の研究論文もあります。これらを適宜《てきぎ》参照しながらこの講義を進めていくつもりです。これは、本人に語らせるという「理想の教室」の主旨には反するかもしれませんが、まあ、大目にみてください。

エジソン資料について、あらかじめ紹介しておくと、いま言ったラトガース大学のアーカイブスがあります。それがどんなものであるのか、関心のある人は、ここにアクセスしてみてください。http://edison. rutgers. edu/index. htm じゃあ、本論に入りましょう。

第1回　エジソンとシステム

1 『メンローパークの回想』

まず、つぎのメモを読んでほしい。なんのメモか、といえば、白熱灯の開発についてのものです。

すべての困難は、当時のわれわれが、

エネルギー＝電流×電圧

の意味を把握できなかったことにあった。われわれは電流をより大きくすれば、エネルギーをより大きくすることができると（単純に）信じていたが、エジソンは違った。かれは電圧を大きくしたほうがよい、と考えた。これによって電気を商業的な日用品に仕立て、広域に電気機器をばらまき、消費者がこれを使うように仕向けたかったのだ。エジソンは10アンペア、10ボルトのランプは１アンペア、１００ボルトのランプよりも送電線に１００倍も銅を必要とすることを、(直感的に)理解していた。

上記の二つのランプによって放たれる光は実際には同等であった。なぜならば消費されるエネルギーは同一であった。しかし電流を小さくしながら同一の効果を出すためにアンペアとボルトとをどのように上手に操るのかという点については、だれも理解していなかった。

エジソンの着想はわれわれよりもはるかに進んでいた。かれはフランシス・R・アプトンという腹心の数学者に自分のアイデアを数式化させた。アプトンは最初、エジソンの意図を量りかねていた。エジソンは、かれのやり方によって、マッチ棒で自分の論点を図解して見せた。アプトンは直《ただ》ちに納得した。

アプトンはそれをつぎのような代数式にした。電流をC、ボルトをV、抵抗をRとすれば、オームの法則は、

$$C = V / R$$

となる。いっぽう、送電線の長さをL、その線の断面積をS、aを定数とすれば、

R＝aL／S

という関係のあることが分かっている。ここでaの値は電線に使われる金属――つまり銅――の品質と性質によって決まる。このRにオームの法則を代入すると、

S＝aCL／V

という関係を得ることができる。この式によって、送電線の断面積つまり単位長さあたりの重さは、長さと電流にそれぞれ比例し、電圧に反比例することが分かる。ここで、その他の条件は一定であるとする。送電線中のエネルギー損失は供給される全エネルギーに対して一定の割合になるはずである。

ここに電気エネルギーの送電に関する基本的な法則がある。これは最初にエジソンによって述べられたものである。例を示そう。いま、10アンペア、10ボルトのランプをとり、このための（電気）エネルギーを1000フィート送電する場合、その送電線に必要な断面積を計算しよう。われわれは相対値にのみ関心をもっているので（したがって定数aを無視して）、前記の数字を上記の最終の式に代入すれば、

S＝10アンペア×1000フィート／10ボルト＝1000単位

となる。

つぎに1アンペア、100ボルトのランプに対する送電線の断面積を計算しよう。このときわれわれは、

S＝1アンペア×1000フィート／100ボルト＝10単位

を得る。後者は前者に比べて断面積が1／100になる。同時に、送電線に必要な金属の重さも1／100になる。

オームの法則とこの例によって、アプトンは送電線の断面積と、その送電線によって供給される個々のランプの抵抗とのあいだに、単純な関係があると示した。上記の例について説明しよう。オームの法則によれば、その抵抗は、第1の例（S＝1000単位）では、

10ボルト÷10アンペア＝1オーム

となり、第2の例（S＝10単位、前者の場合の1／100）では、

100ボルト÷1アンペア＝100オーム

になる。これからつぎの結論が導かれる。ランプの抵抗は送電線の断面積に反比例する。すなわち、1オームのランプは100オームのランプよりも、その線の断面積を100倍も必要とするのである。

2 ジュールの法則

このメモはエジソンの助手であったフランシス・ジェールの『メンローパークの回想』――以下『回想』と呼びます――という本の中から、1ページほど引用したものです。ちょっとごたごたしていますが、これでも読みやすいように端折《はしよ》りました（哲学者や詩人のテキストではないので、およその意味がとれればよい、ということにします）。なお、タイトルにあるメンローパークとは、エジソンが作った研究所で、かれはここで白熱灯のシステムを発明しました。ついでにいうと、『回想』の刊行されたときにはジェールが少年助手としてエジソンに仕えたときから半世紀以上もたっていました。だからかれの記憶をどこまで信用したらよいのかという懸念《けねん》はあります。だがそれにしては記述に臨場感があり、すてがたい魅力をもっています。ということで、この本を参照しました。

さきに進むまえに、ジュールのメモを整理しておきます。まず「当時のわれわれがその意味を把握できなかった」という式ですが、これはジュールの法則です。一般に、電気機器に電圧を与え、そこに電流を流してやりますと、発熱したり、化学反応を起こしたり、磁気作用を生じたりします。つまり、電気のエネルギーがべつのエネルギーに変化して仕事をすることになります。似た名前が出てきましたが、ジュールはエジソンの助手、ジュールはエネルギーについて研究した物理学者です。まぜこぜにしないでください。

ここでジュールの法則を書き換えてみましょう。そのためにオームの法則を組み合わせますと、

エネルギー＝電流の自乗×抵抗

という関係を導くことができます。この式の意味はつぎのようになります。

いま、ある回路に電流を流したとします。その回路に抵抗が組み込まれていると、その電流のもっている電気エネルギーはその抵抗によって熱エネルギーへと変わります。このときに生じる熱エネルギーと電流、電圧との関係を示したものがジュールの法則になります。ジュールは「エネルギー」といいましたが、正しくは「1秒あたりのエネルギー量」といったほうがよい。今日では「仕事率」あるいは「電力」といいます。なお、この法則

はジェームズ・ジュールが一八四〇年に見つけたものです。

ここまでが準備です。以下、電力による照明について考えてみましょう。全体のイメージとしては、一方の端に発電機があり他方の端にランプがあり、双方を送電線でつないだ回路があるということになります。この回路をみると、ランプのなか、送電線のなか、それに発電機のなかに抵抗がありますので、それぞれのなかでエネルギー消費が生じることになります。目的が照明ですから、送電線のなか、発電機のなかのエネルギー消費はできるだけ抑えて、ほとんどのエネルギーをランプに振り向けるようにしたいわけですね。先走った話をすれば、これがエジソンの構想でした。

この構想を実現するためには、発電所からの電気エネルギーが途中の送電線で消耗することがないようにしなければなりません。家庭に着くまえに途中で消耗してしまっては元も子もない。メモの終わりの部分に「ランプの抵抗は送電線の断面積に反比例する」といっているのは、この途中の消耗を少なくするための考え方を示したものです。つまり、エジソンは電灯それ自体よりも、まず、送電線を含むシステム全体について考えた、ということです。

なぜ、このような構想をもったのか。ジュールのメモによれば、エジソンは「電気を商業的な日用品に仕立て、広域に電気機器をばらまき、消費者がこれを使うように仕向けたかった」と言っています。かれは電気を大衆の消費財に仕立てることに関心をもっていたのでした。

3　白熱灯以前

この時代、つまり一九世紀後半、社会に受け入れられてきた照明技術には、まずガス灯があり、もう一つアーク灯がありました。ガス灯もアーク灯もネットワーク事業でした。ガス灯は中央にガスの製造工場を設け、ここからユーザーにパイプを敷いてガスを送る、アーク灯は中央に発電施設を置き、ここからユーザーに電線を張る、どちらも、商業的な日用品として広域にサービスするというアーキテクチャーをもっています。ここで言葉の説明をしておけば、「アーキテクチャー」はシステム技術者の好きな業界用語ですが、辞書を引くと「建築術」「構造」「設計」「体系」などという意味がでてきます。システム技術者の使う意味はこれらを併《あわ》せたものと考えてください。

それではガス灯やアーク灯と違うアーキテクチャーをもつ照明技術はあるのか。あります。ローソク、石油ランプなど伝統的な照明技術です。こちらは、ユーザーがべつべつに自分の好みのものを購入して使います。双方のアーキテクチャーを比べてみると、前者は集中管理システム、後者は分散管理システム、あるいは前者は公衆サービス、後者は日用品製造事業、あるいは前者は共同利用、後者は個別利用、とまあ、こんなことになるでしょうか。

ガス灯とアーク灯にもどりますが、商業用施設としては前者が先行しました。ガス灯は石炭ガスの燃焼によって生じる熱輻射《ふくしゃ》を照明に使うものです。熱輻射とは高温の物体から熱エネルギーが光として、正確には電磁波として、放射される現象を指します。ガス灯が「レトルト→ガスタンク→配管→ガス灯」という形で最初のサービスを実現したのは一九世紀の初めであり、それは英国のバーミンガムにおいてでした。当時、石炭を乾溜《かんりゅう》してタールを製造する事業が盛んであり、このプロセスで発生するガスが廃棄物として生じていました。このガスのリサイクルということでガス灯が実用化されたことになります。言い落としましたが、乾溜とは石炭を空気を遮断《しゃだん》しながら加熱分解する方法、またレトルトとは乾溜をおこなうための装置です。

アーク灯のほうはどうであったのか。これは英国の物理学者であったハンフリー・デーヴィが一八〇〇年に観察した現象がきっかけになりました。2本の木炭の棒のあいだに電圧をかけ、その先端をいったん接触したあとで離すと、双方のあいだに放電が生じて発光します。こちらも炭素棒とここから蒸発した炭素粒子からの熱輻射を利用したものです。ただし実用という点では広場や街路で使うのがせいぜいでした。なぜ、アーク灯が家庭に入らなかったのか。まず、臭いがひどかった。それだけではありませんでした。ギラギラと明る過ぎたのです。ちなみにガス灯の明るさは10〜20燭光《しょっこう》、これに対してアーク灯のほうは4000燭光もありました。燭光とは光度を示す単位ですが、いまは使われていません。とはいうものの、ガス灯の市場はすでに1億5000万ドルになっていました。

だが家庭向けのほうが広場用、街路用よりも需要の大きいことは自明ですね。エジソンはここに注目したようです。『回想』はべつのページでエジソンがつぎのよう言ったと伝えています。「私は、いつもの方法で、ガスに関するすべての種類のデータを収集した。ガス工学協会のすべての会報、ガス関係雑誌のすべてのバックナンバーを購入した」と。そして注記しています。「エジソンはガス照明を電気照明に置き換えるために、ガスによってなされたすべてを正確に模倣しようとした」と。それはどんなアーキテクチャーだったのでしょうか。

4　直列から並列へ

エジソンは、まず、送電線部分のエネルギー消費に注意を向けました。これをエジソン自身の作った資料でみましょう。それはエジソンが特許庁に提出した特許出願書の添付図面をみればよい。これを図**1-1**として引用しておきましょう。左にあるA、B、C、D

は発電機です。その右に並べられた梯子《はしご》のような回路が送電線、その各段に付けられている「〇」が電灯になります。ちょっと分かりにくいかもしれませんね。そこで右の部分を思い切って簡略化すると**図1-2**（下）のようになります。**図1-1**が街全体の配線、**図1-2**（下）が個々の家庭のなかの配線、と考えてもよい。**図1-2**（下）の特徴は配線が並列接続になっていることです。以下、並列、直列という言葉がでてきます。この意味を忘れた人は、あるいは初めて聞いた人は、**図1-2**（下）と**図1-2**（上）とを比較しながらその意味を推測してみてください。ところで図面ですが、この講義の勘どころで使うつもりです。だが、だからと言って、その詳しい説明はいたしません。どの図面でも、そこに描かれている機械の仕掛けは簡単なので、ここは一つ、なぜこんな構造になっているのか、あなたがた自身で推理してみてほしいからです。

エジソン・システムの特徴は、これを先行していたアーク灯のシステムと比べるとよく分かります。そのアーク灯のシステムをみると、**図1-2**（上）のようになります。つまりこちらは直列になっています。二つの図をみると、エジソン・システムではランプごとにスイッチがついていますが、アーク灯のほうはスイッチが全体で一つしかありません。つまり、前者では部屋べつに点灯、消灯ができますが、後者では一斉《いっせい》点灯、一斉消灯ということになります。一斉点灯、一斉消灯は街頭ではよいでしょうが、家庭向きとはいえませんね。しかも、ランプがもし切れた場合、前者ではその場所だけが暗くなるだけですが、後者では全体が同時に消えてしまいます。つまり、エジソンのシステムに利あり、ということになります。

ここで最初のジェールのメモの終わりの部分をもう一度、読んでください。かれらは送電線の断面積を気にしていましたね。断面積が大きくなれば、送電線のコストも大きくなり、このシステムの採算性が怪しくなるからです。つまり、断面積は小さく抑えなければなりません。

いま、接続すべきランプの数を10個としましょう。まず図**1-2**(上)のアーク灯のほうからみましょう。こちらは直列です。したがって全部のランプにおなじ電流が流れます。ジェールの仮定をここでも使いましょう。その仮定は、送電線に流す電流を10アンペア、ランプの抵抗を1オームとしていました。このときに1灯あたりにかかる電圧はオームの法則で10ボルト、くわえて「全体の電圧＝1灯あたりの電圧×灯数」となるので、この場合に送電線にかける全電圧は１００ボルトになります。この電圧は灯数が増えるたびに高くしなければなりません。

いっぽう図**1-2**(下)のエジソン・システムのほうはどうか。こちらは並列です。したがって「全体の電流＝1灯あたりの電流×灯数」となるので、灯数を増やすたびに送電

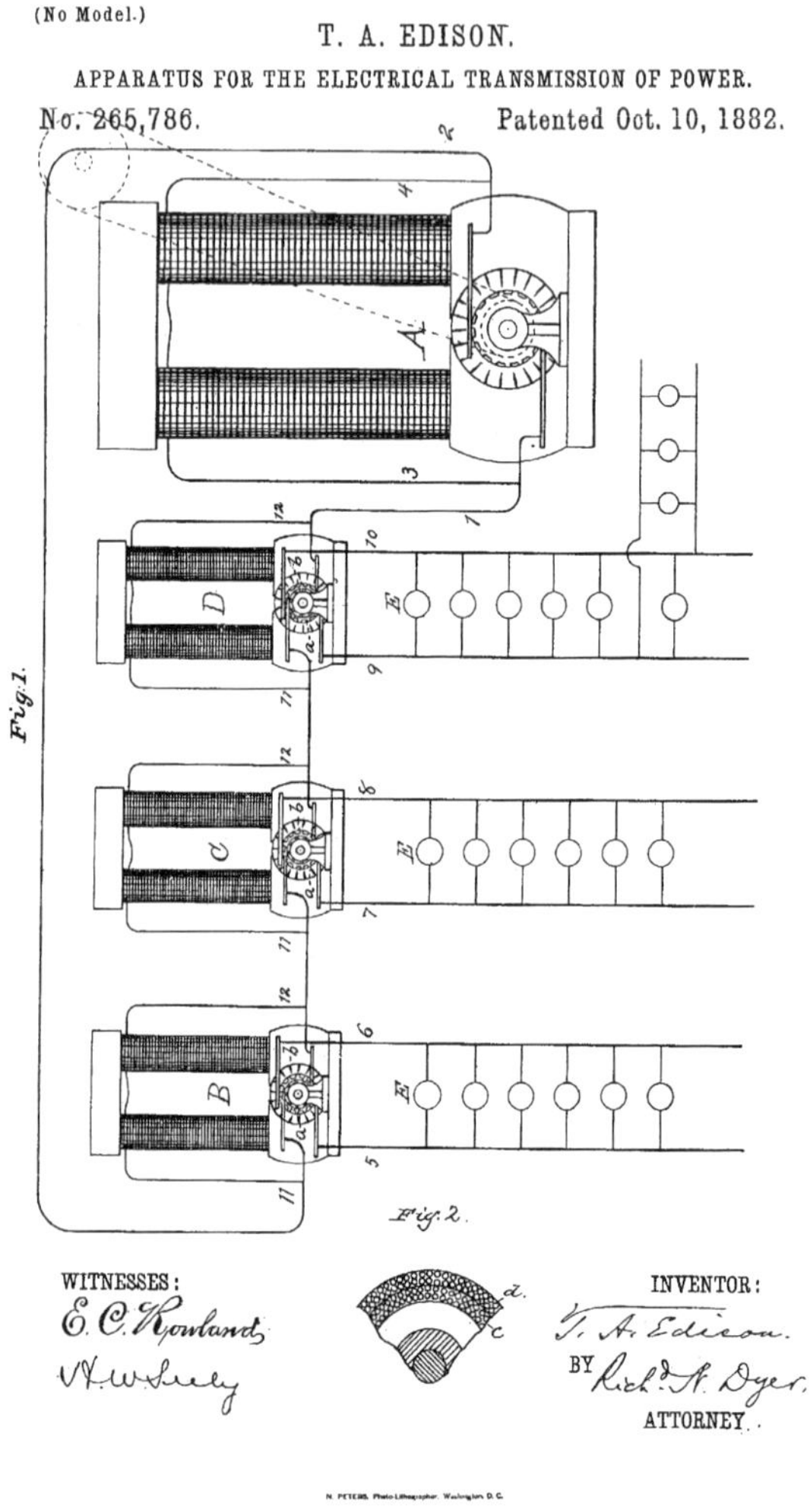

図１－１　エジソン・システムの特許図面

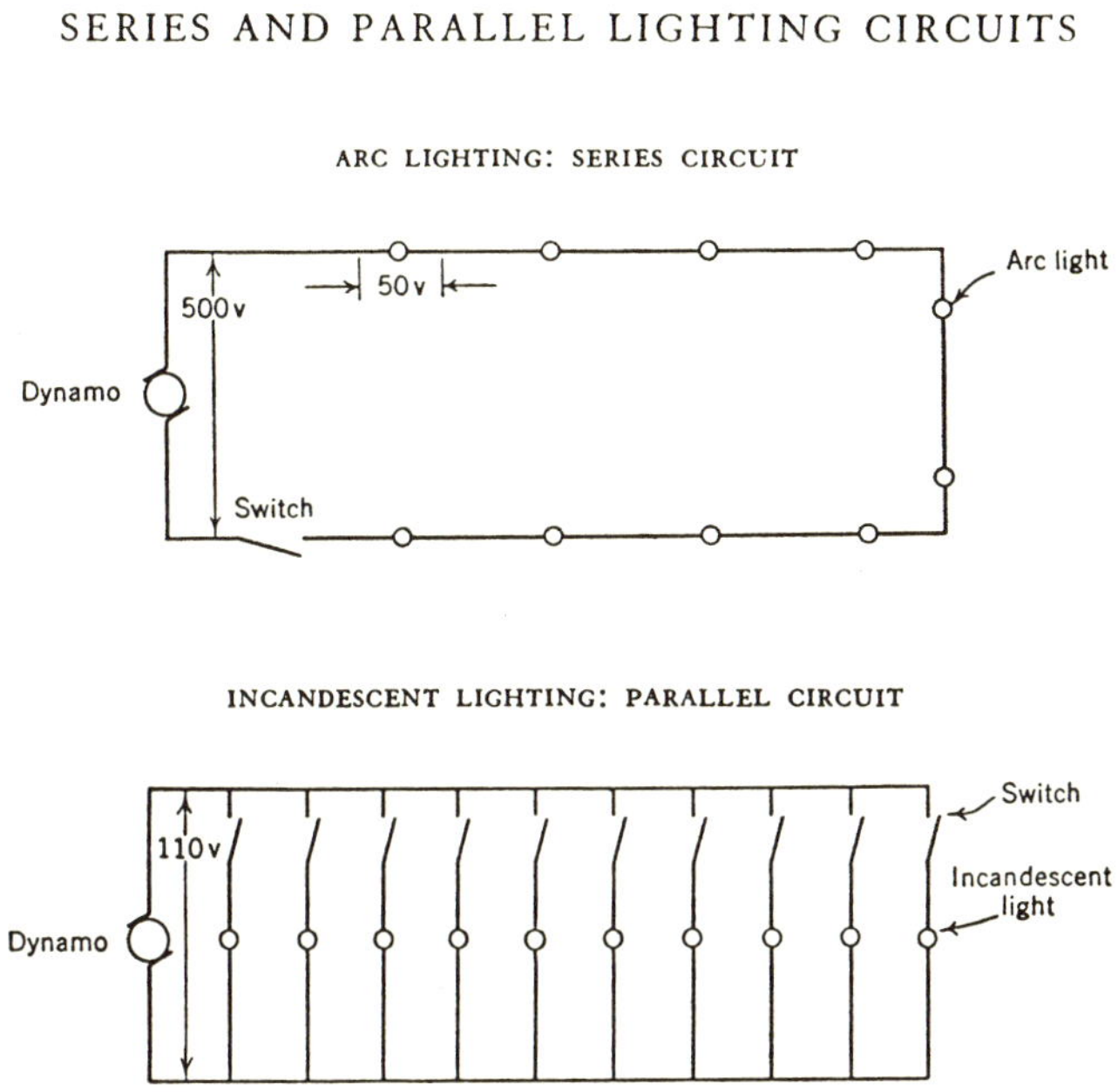

図1－2　直列と並列
（上）アーク灯：直列　（下）並列：白熱灯

線全体に流す電流を増やさなければなりません。だが、さきほど言ったように、全電流を増やし続けると、送電線が太くなって採算性がおちてしまいます。これは避けなければなりません。だからエジソンは1灯あたり1アンペアという仮定も設けました。それはつぎのように考えたためです。

いま、エジソン・システムでもアーク灯なみに送電線に10アンペア流せるとします。ここでも10灯をつけるとすれば、1灯あたり1アンペアしか流せません。ここで送電線から送られる電圧を100ボルトとしましょう（じつは110ボルトでしたが、図1-2（下）にもそうありますが、話を簡単にするために、こうします）。このときにオームの法則によって、1個あたりのランプのもたなければならない抵抗は「100ボルト÷1アンペア＝100オーム」となります。

なぜ100ボルトとしたかといえば、ランプのエネルギー消費をアーク灯もエジソン・システムも同じと仮定したためです。そのエネルギー消費の値はアーク灯では「10アンペア×10ボルト＝100ワット」、エジソン・システムでは「1アンペア×100ボルト＝100ワット」となります。ただし現実には、当時のアーク灯はこれでは足りなくて50ボルト程度の電圧を必要としたようです（図1-2（上）にはこの数値が使われています）。

つまり、エジソン・システムの特徴は、ランプの抵抗値をアーク灯よりも桁《けた》違いに大きくしなければならない点にあります。ジュールがメモの冒頭で「われわれは電流を大きくしなければならないと思ったが、エジソンは電圧を高めようとした」という趣旨のことを言っていたのはこのへんの事情を指しています。エジソンは電圧を高めるために抵抗を大きくすることを狙ったわけです。ここにエジソンの「閃《ひらめ》き」がありました。

これはエジソンにとっては見過ごすことのできない条件でした。つまり、エジソンは、そのシステムを建設するためには、電源についても配線についても、そしてランプについても、それまでの仕様を超えた技術を開発しなければならなかった、ということです。このようにまず目標を定め、これに必要な仕掛けを設計すること、このような考え方を「システム的思考」と言います。そしてこのシステム的思考を具体化するための方法あるいは手順を「システム工学」と呼びます。この講義は、エジソンの仕事をこのシステム工学という側面から理解することを狙っています。

「システム」という言葉を辞書を引いてみますと、そのもとはギリシャ語の「シ」（共に）と「ステム」（組み立てること）とからできていることが分かります。説明するまでもないでしょうが、この言葉の意味は、まず、ばらばらな部品があり、つぎに、それらを共通の目的にそって組み立てる、ということになりますね。ついでながらシステムの「シ」は「シンフォニー」の「シ」や「シンポジウム」の「シ」と同じです。

5　電流の細分化

エジソン・システムのアーキテクチャーの核心はどこにあったのか。それを示す概念が「電流の細分化」でした。いままでエジソン・システムという呼び名を定義なしに使ってきましたが、以下、「電流の細分化」を取り込んだシステムをエジソン・システムと呼びましょう。その細分化とは、いま言いましたが、並列回路によって電流を小分けにすることでした。

当時の業界常識では、これは不可能であるということになっていました。電気工学の大家であったウィリアム・ピアースは一八七九年になっても「電気的ランプはまったく狐火《きつねび》のたぐいだ」と講演していました。ピアースの言い分は理解できます。直列回路であれば、ランプ数を増やせば1灯あたりに流れる電流は減ってしまう。電流が減れば明りは暗くなり、役に立たなくなる。つまり、かれはアーク灯のアーキテクチャーにとらわれていたことになります。このほか理由はシカとは分かりませんが、「電流の細分化はエネルギー保存の法則に反する」という意見、あるいは「白熱灯方式はどんなものであっても失敗する」といった主張もあったようです。

エジソンは電流の細分化を並列回路とランプの抵抗を大きくすることで実現できると主

張したことになります。ジェールによれば、この条件をオームの法則を知ることで発見したということです。

最初のジェールのメモですが、これは原文をそのまま紹介すると、落第点をつけられそうなものです。さきほどちょっと手を入れたと言ったのは、このためです。たとえば「アンペア×ボルト＝抵抗」などと書いています。ここは「電流×電圧＝抵抗」あるいは「アンペア×ボルト＝オーム」と書いて欲しいね。その「アンペア」にしても、じつは私がそう書き直したものであって、かれは「ウェーバー」と表記している。ぼくたちは「ウェーバー」というと磁界の単位だと思っているのだが、この時代にはこんな言い方をしていたのでしょうか。

オームの法則にもどりましょう。ぼくたちはオームの法則は電気工学のイロハのイだと思っていますが、じつは当時、この法則は専門家のなかでも、それほど有名ではなかったようです。ゲオルグ・オームがその法則を発表したのは一八二六年でしたが、その論文があまりにも数学的だったので、つまりフランス流であったので、自国のドイツでは受け入れられなかったともいわれています。ドイツ語の論文でしたので、ドイツで評判にならなければ、その業績は埋もれてしまうことになります。もう一つ、オームがその電流に関する理論を熱流に関する理論――J・P・J・フーリエという数学者が発表したものです

――に似せて組み立てたために、理解できる人が少なかったのだろうという科学史家もいます。

6　周期律をたどる

つぎは白熱灯の開発に話を移しましょう。さきほどまでは発電所から家庭に電気をもってくるための送電線について語っていました。そこでは、できるだけエネルギー消費を小さくすることが主題でした。いっぽう、白熱灯については、そのなかに封入する細い導線――以下「フィラメント」と呼びます――が検討の対象になります。こちらではなるべくエネルギー消費を大きくし、電流のエネルギーを熱エネルギーに、さらに光エネルギーへと変換させることが眼目となります。話がごたごたしますが、エジソンはフィラメントを最初のうちは「バーナー」（火口《ほくち》）と呼んでいました。

ジュールの法則を思いだしてください。それは「エネルギー＝電流の自乗×抵抗」という関係でした。いま、１本のフィラメントをとり、ここに電流を流したとします。そのフィラメントは抵抗をもつので、電流エネルギーは熱エネルギーに変換され、フィラメントを加熱することになります。フィラメントが高温になれば、ここから熱輻射によって光が生じるはずです。この現象を最初に見つけたのは、これもまたデーヴィで、それは一八〇二年のことでした。これが白熱灯の原理です。

問題は、フィラメントが十分な熱輻射のできるように、高温になっても融《と》けない材料、あるいは燃えない条件を探すことでした。まず、融けない材料ですが、このためには金属とはいえませんが、アーク灯でおなじみの炭素がありました。金属としては、当時、白金《はっきん》が知られていました。また、燃えない条件としては、不活性のガスに封じ込めるとか、周りを真空に引いてしまうとか、といった方法がありました。デーヴィ以後、エジソン以前に、このような材料や方法で白熱灯の開発を試みた人は、記録に残っているだけでも20人を超します。エジソン以前の特許もすでに31件ありました。

材料ですが、エジソンは白金（融点は摂氏1769度）、クロム（同1875度）、モリブデン（同2610度）、タングステン（同3410度）を選びました。当然のことながら、どれも当時の人にはすでになじみのある金属でした。とくに白金は化学実験用のルツボの材料として使われていました。いま融点《ゆうてん》が何度と言いましたが、この値は後年になって分かったもので、当時は不明でした。

ここで話は化学にとびます。一八六九年、ロシアの化学者ドミトリ・メンデレーエフは元素の周期律という法則を発見しました。それを図**1‐3**として紹介しましょう。周期律とは、元素を原子量の順序に並べていくと、ある周期でよく似た性質をもった元素が繰り

			Ti=50	Zr=90	?=180
			V=51	Nb=94	Ta=182
			Cr=52	Mo=96	W=186
			Mn=55	Rh=104.4	Pt=197.4
			Fe=56	Ru=104.4	Ir=198
			Ni=Co=59	Pd=106.6	Os=199
H=1			Cu=63.4	Ag=108	Hg=200
	Be=9.4	Mg=24	Zn=65.2	Cd=112	
	B=11	Al=27.4	?=68	Ur=116	Au=197?
	C=12	Si=28	?=70	Sn=118	
	N=14	P=31	As=75	Sb=122	Bi=210?
	O=16	S=32	Se=79.4	Te=128?	
	F=19	Cl=35.5	Br=80	J=127	
Li=7	Na=23	K=39	Rb=85.4	Cs=133	Tl=204
		Ca=40	Sr=87.6	Ba=137	Pb=207
		?=45	Ce=92		
		?Er=56	La=94		
		?Yt=60	Di=95		
		?In=75.6	Th=118?		

図1－3　周期律

返し出現してくる、という法則です。図1‐3を上から下へ、左から右へ、というようにたどってみてください。まず、左上にH（水素）があります。これからLi（リチウム）、Be（ベリリウム）、B（硼素《ほうそ》）、……と続き、最後に右下のPb（鉛）になります。これは余談ですが、現在ではもっと重い元素――たとえばウラニウムとかプルトニウムとか――が発見され、それらが鉛の後に並んでいます。話が後先になりましたが、原子量とはその元素の平均的な重さ、と考えてください。もう一つ、今日の周期律表は図1‐3と縦横が入れ違っていますので注意してください。

3行目をみてください。ここにはCr（クロム）、Mo（モリブデン）、W（タングステン）が並んでいますね。同様に、4行目にはRh（ロジウム）とPt（白金）、5行目にはRu（ルテチウム）とIr（イリジウム）、6行目にはPd（パラジウム）とOs（オスミウム）があります。どうやら、エジソンは周期律を知っていて、これを使ってどんな材料がよいのか、それを選んだらしい。これは私の憶測《おくそく》ではなく、バイロン・ヴァンダービルトというエジソンの研究者が言っていることです。さきほど、エジソンはガス灯に関する文献をすべて揃《そろ》えたというジェールの観察を紹介しました。エジソンは外部情報の収集にはつねに細心の注意を払っていたようです。私はエジソンの研究所――いまでは文化遺跡になっていますが――を訪問したことがありますが、その図書室には当時の内外の文献がずらりと並んだまま残されていました。

そうだ、周期律の話をしていたのでしたね。その後の研究によって、元素の順番は変わっています。**図1-3**のメンデレーエフの表を、あとで図書室にある『理科年表』の周期律表と比べてみてください。5列目では、「Rh→Ru→Pd」が「Ru→Rh→Pd」に、また6列目では「Pt→Ir→Os」が「Os→Ir→Pt」になっています。つまり、その後の計測法の発展によって原子量の測定精度が上がったためです。さらに言えば、これらの元素は順番が変わってもおかしくないほど似た性質——たとえば高い融点——をもっていた、ということです。

つまり、エジソンの時代には計測法が未熟だったということです。「加熱されたフィラメントが何度なのかも分からない。それが真空中でどんな状態であるかも不明だ。私は3000通りの仮説を立てた」とエジソンはこぼしたということです。これもジェールの『回想』にあります。

エジソンの批判者は、よく、エジソンの方法は行き当たりばったりだと言いますが、じつはきちんと周期律を使っていたことになります。ここで私は小学生のときに読んだ『エヂソン』を引用したいのです。

エヂソンの実験法には特色があった。系統づけられたエキゾースションと称される方法である。あらゆるものを系統的に実験して、失敗したものを取除《とりの》けて行き、成功するまで遣《や》るのである。将棋用語にすれば、総当り式とでも言はうか——あの手、この手と勝つまで実験するのである。／所謂《いわゆる》、学問に捉《とら》はれてゐれば、総当り式は遣れない。無用の努力であり、まぐれ当りを僥倖《ぎょうこう》してゐるとも見える。しかし科学が不十分である限り、この方法は捨てられない。……／この実験法の先駆者としても、エヂソンは感謝されなければならない。

著者は深澤正策《ふかざわせいさく》、わざわざここに引用したのは、この文体の闊達《かったつ》さと論理の明快さに少年だった私が引き込まれたことを思いだしたからです。二一世紀初頭でも総当たり法は健在です。たとえばゲノム研究において。

話をもどします。エジソンが周期律を十分に使えなかったのは、実験技術が未開発なこと、したがって基礎データが未整備なことにあったわけです。高温用の温度計が開発されたのはこのちょっと後になります。計測史の研究者である高田誠二さんに質問したところ、一八八〇年代になっても、白金・白金ロジウム型の熱電対型温度計を使い１７００度まで測るのがせいぜいであった、ということです。

それではエジソンはなにを選んだのか。総当たり法のあとで、炭素によって白熱灯を完成することができました。クロムは高純度のものを得ることができず、モリブデンとタングステンとは硬すぎ、かつ脆《もろ》いという特性を抑えることができませんでした。それでは白金はどうだったのか。じつはそのテスト中に「炭素がよい」というニュースが跳《と》び込んできたのです。英国の化学者ジョセフ・スワンによる成果でした。エジソンはさっそく炭素に切り換え、これで成功したのでした。この「早耳」がエジソンに幸いしました。

7　高抵抗のフィラメント

つぎは、フィラメント材料の燃えない条件をどうして探したのか、ということになります。まず、空気を遮断《しゃだん》しなければなりません。このためには、すでに言ったことですが、不活性のガスを封入するか、真空にしてしまうか、この二つしかありませんでした。まず、その不活性ガスですが、当時は炭酸ガスと窒素しか知られていませんでした。不活性ガスとしてはヘリウムやアルゴンがありますが、未発見でした。エジソンの後、白熱灯の充填《じゅうてん》用ガスとしてネオン、クリプトン、キセノンなどが使われるようになりますが、このようなガスの発見されたのは一九世紀末でした。つまり、役にたつ不活性ガスはまだ見つかっていなかった、ということになります。

では真空技術のほうはどうかといいますと、こちらは当時、物理の分野で真空放電の実験が流行ってきたために、発展の真っ最中でした。一八五七年、ハインリッヒ・ガイスラーは１００万分の1気圧にできる水銀ポンプを発明しました。在来のボンプは1万分の1気圧がせいぜいでした。一八六三年、ヘルマン・シュプレンゲルが性能をさらに高め、１０００万分の1気圧以下にできるようにしました。そのシュプレンゲルの水銀ポンプをエジソンはさっそく工面しています。スタッフであったアプトンのツテをたどってプリンストン大学から借用しました。それは輸入した直後でまだ開梱《かいこん》もしていない新品でした。

このほかにも、エジソンはフィラメントの形をあれこれと変えた実験をしています。ここでも得意の総当たり法を実行します。その実験ノートの一部を図**1-4**として紹介しましょう。

とにかくエジソンは発明競争に勝ちました。すでに言いましたが、当時は白熱灯をめぐって大勢の発明家が成果を競っていたのです。エジソンはその成果を特許庁に出願しましたが、それは「炭素フィラメント白熱灯」（US２２３８９８号）という特許として認められました。一八八〇年一月二七日でした。その出願書類には「請求範囲1」として、つぎのような記述があります。なお「請求範囲」とは、ここが発明の的《まと》になるのでここに権利がほしい、と発明家が主張する記述を指します。あとの講義にも出てくるので覚えてくだ

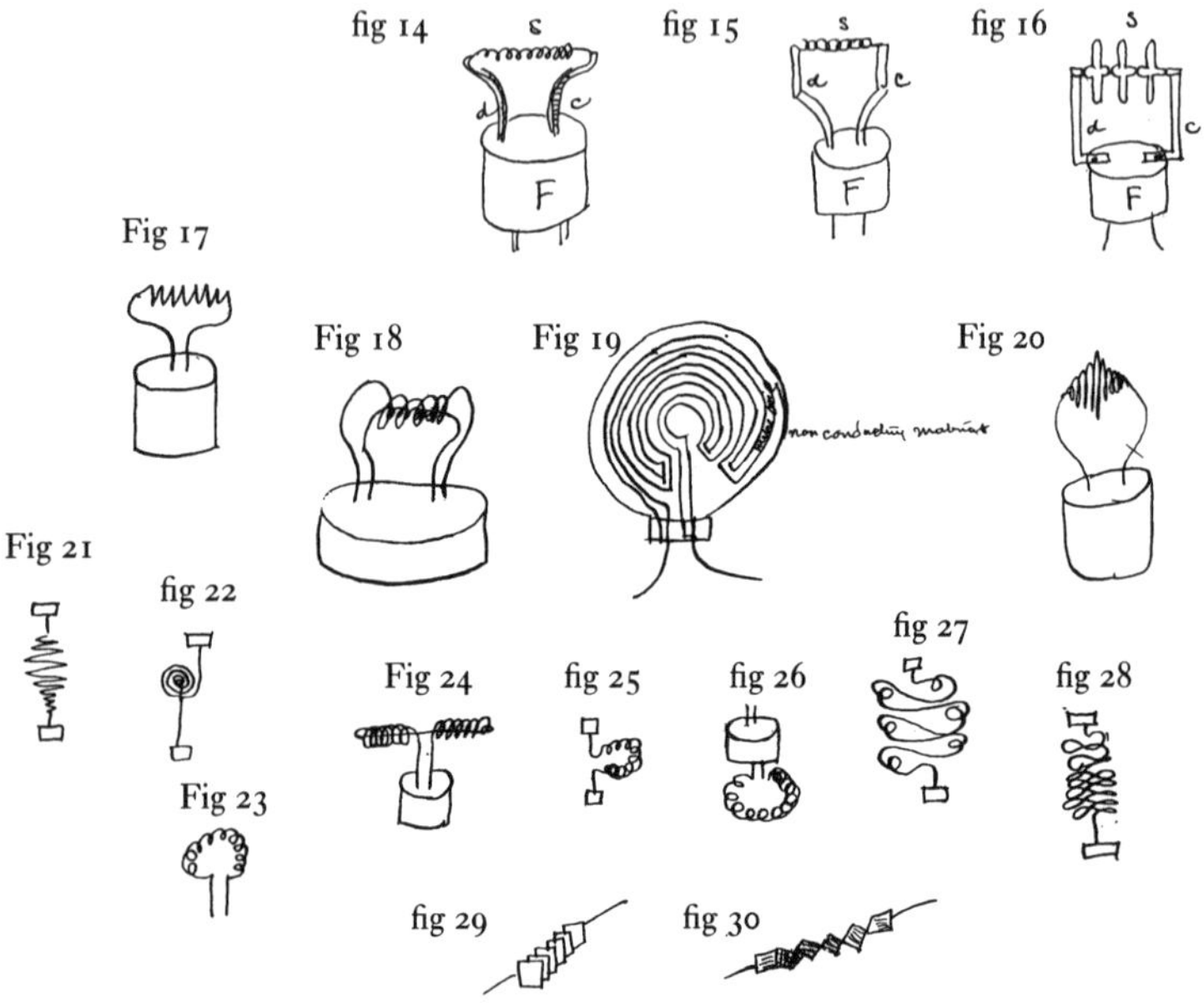

図1-4　フィラメントの実験ノート

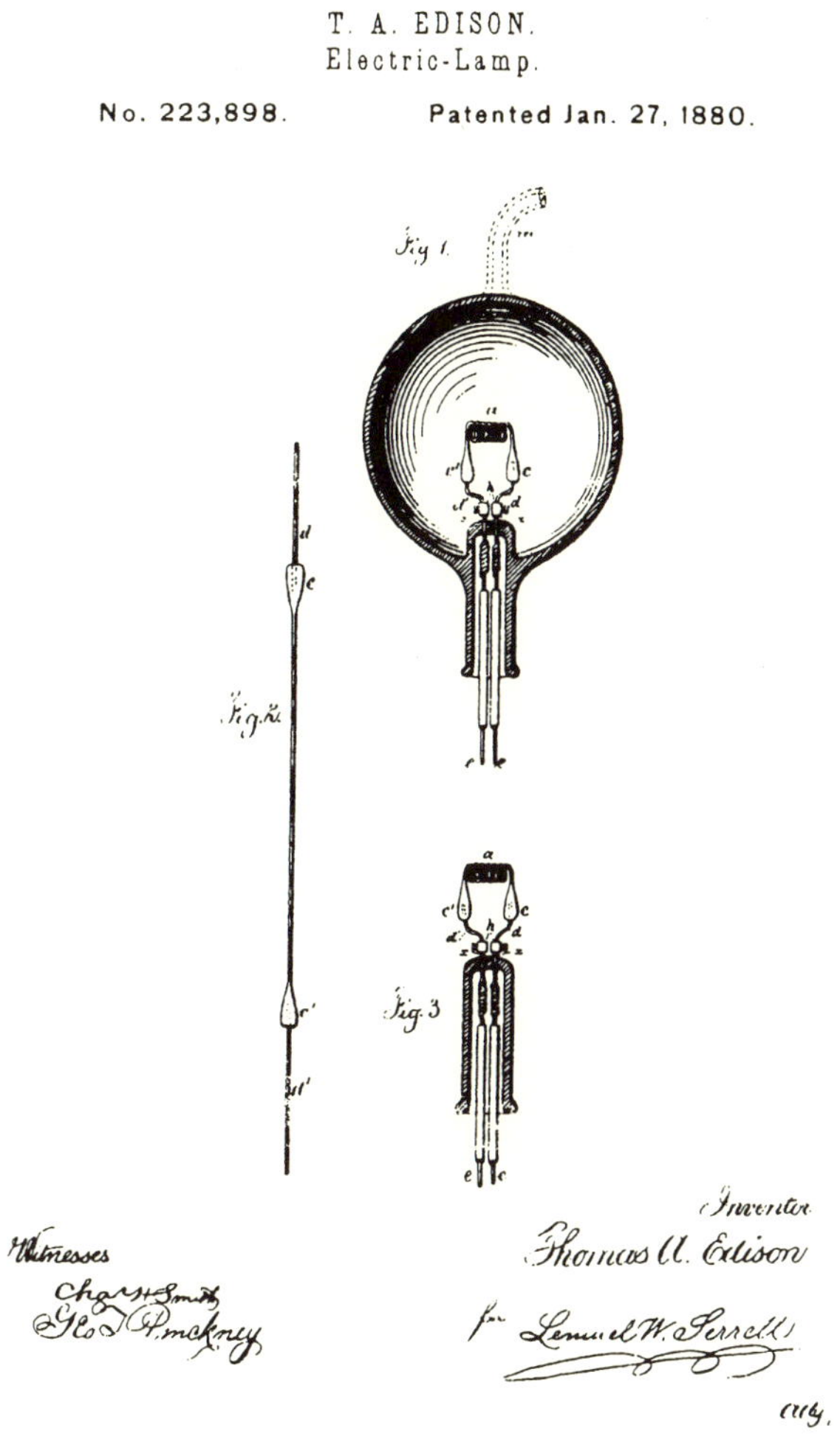

図１－５　白熱灯の特許図面

さい。この特許の添付図面も図**1-5**として引用しておきましょう。

白熱現象によって光を発する白熱灯であり、高抵抗の炭素のフィラメントからなり、そのフィラメントは上記のように製造され、図示されるように金属線によって固定される。

このなかの「高抵抗の炭素のフィラメント」、とくに「高抵抗」という文言《もんごん》にエジソンの独創がありました。他の競争者が遅れをとったのは、じつはここに原因がありました。かれらはアーク灯の経験に引きずられて、5オーム程度の抵抗でよいと思い込んでいたのでした。だが、エジソンのほうは最初に話したように、「高抵抗」を目指しており、その値を具体的には100オーム程度としていました。

高抵抗であるためには、その線は細くなければ、つまりフィラメントでなければなりません。ジュールのメモにあった「R＝aL／S」という式を思いだしてください。断面積Sが小さくなれば、抵抗Rは大きくなります。この細い線をエジソンが「フィラメント」（糸）と表現したことはいま説明したばかりですね。いっぽう、エジソンのライバルはその線を「ロッド」（棒）と表現しています。のちに白熱灯特許の優先権をめぐる訴訟が起きたときに、法廷はここに注目してエジソンの特許は有効であると判断しています。

もうひと言。エジソンはおもしろい現象を見つけていました。かれは実験用の白熱灯を作ったときに、真空中に電流が流れる、という観察をしています。エジソンはこの実験をそのまま放り出していますが、ここでじつは史上最初の真空管を作っていたのでした。もし、この機会を見逃すことがなかったら、かれは無線電信という分野においても、大きい寄与を実現できたはずでした。惜しい。

8 つづくエポノミー

エジソンにはもう一つ仕事が残っていました。それは電圧一定かつ電流可変の発電機を開発することでした。電圧一定は高抵抗のランプに対応するために、電流可変はランプの並列接続に対応するために、です。

話を進めるまえに、ここで科学史と技術史について復習をしておきましょう。電球の包装をみると「100ボルト、100ワット」などと書いてありますね。このボルトもワットも人の名前です。学術の世界には「エポノミー」という習慣があり、偉大な業績を残した研究者を讃えて、その名前を冠した単位を作ったりします。まず、「ワット」は蒸気機関の発明者ジェームズ・ワットを示しています。つぎに「ボルト」ですが、これはアレッサンドロ・ボルタを、すでになじみになった「ジュール」はジェームズ・ジュールを、「オーム」はすでに紹介したゲオルグ・オームを、つぎに話す「アンペア」はＡ・Ｍ・アンペールを、それぞれ讃えたものです。ボルタもアンペールもオームも一九世紀初頭に電気分野で活躍した研究者です。

まず、ボルタですが、かれは一八〇〇年に電池を発明しました。これは当時の研究者に強烈な刺激を与えました。まえにデーヴィがアーク灯を発明したと言いましたが、かれはボルタの電池を２０００個も直列につないでこれを実現しました。それまでは電気は摩擦によって発生させていました。

電池ですが、これは化学エネルギーを電気エネルギーに変える仕掛けです。ひと言で言えばエネルギーの缶詰です。いま、二つの金属をある成分をもつ溶液に浸《つ》けたとしましょう。ボルタは金属として亜鉛と銅、溶液として希硫酸を使いました。このとき亜鉛と銅とを針金で結ぶと電流が流れます。これが電池です。なお、このような電流を生じる溶液の成分を「電解質」といいます。

電池の出現によって、その後、電気の研究は急速に進みます。一八二〇年、Ｈ・Ｃ・エルステッドは電流を流している線のそばに磁針を近づけると、その針の向きが変わることを発見しました。これで磁気と電気とのあいだになにか関係のあることが分かりました。

そのエルステッドの名前もエポノミーとして磁場の強さの単位になっています。おなじ頃、アンペールは電流の流れる2本の線が互いに反撥《はんぱつ》し合ったり引き合ったりすることを発見しています。2本の棒磁石が反撥し合ったり引き合ったりする現象とよく似ていますね。

これに注目したのが同時代の物理学者マイケル・ファラデーでした。かれは印刷工でしたが、仕事中に印刷中の本を盗み読みしながら勉強したといわれています。これに注目したデーヴィがかれを自分の助手にとりたてたのです。「青ハ藍《あい》ヨリ出《いで》テ藍ヨリモ青シ」という言葉がありますが、かれは素晴らしい物理学者になりました。かれの名前もエポノミーとして「ファラド」――電気容量の単位――という形で残されています。

ファラデーは磁気と電気との関係を明らかにしようと考え、いろいろな実験を試みました。その成果の一つとして、ぐるぐる巻きにしたコイルを作り、そのなかに磁石を急に突っ込んだり、急に引き出したりすると、その瞬間に当のコイルに電流が生じるという発見がありました。この現象を「電磁誘導」といいます。一八三一年のことでした。

この発見のデモンストレーション用にファラデーは単純な装置を組み立てました。それが**図1-6**です。図の円板は銅製です。これを挟んで左に馬蹄《ばてい》形――U字型と言ったほうがよいかな――の磁石があります。円板を回転させると、電磁誘導によってその半径方向に電流が流れます。最初の発電機、と言ってもよいかもしれません。**図1-6**はジュール

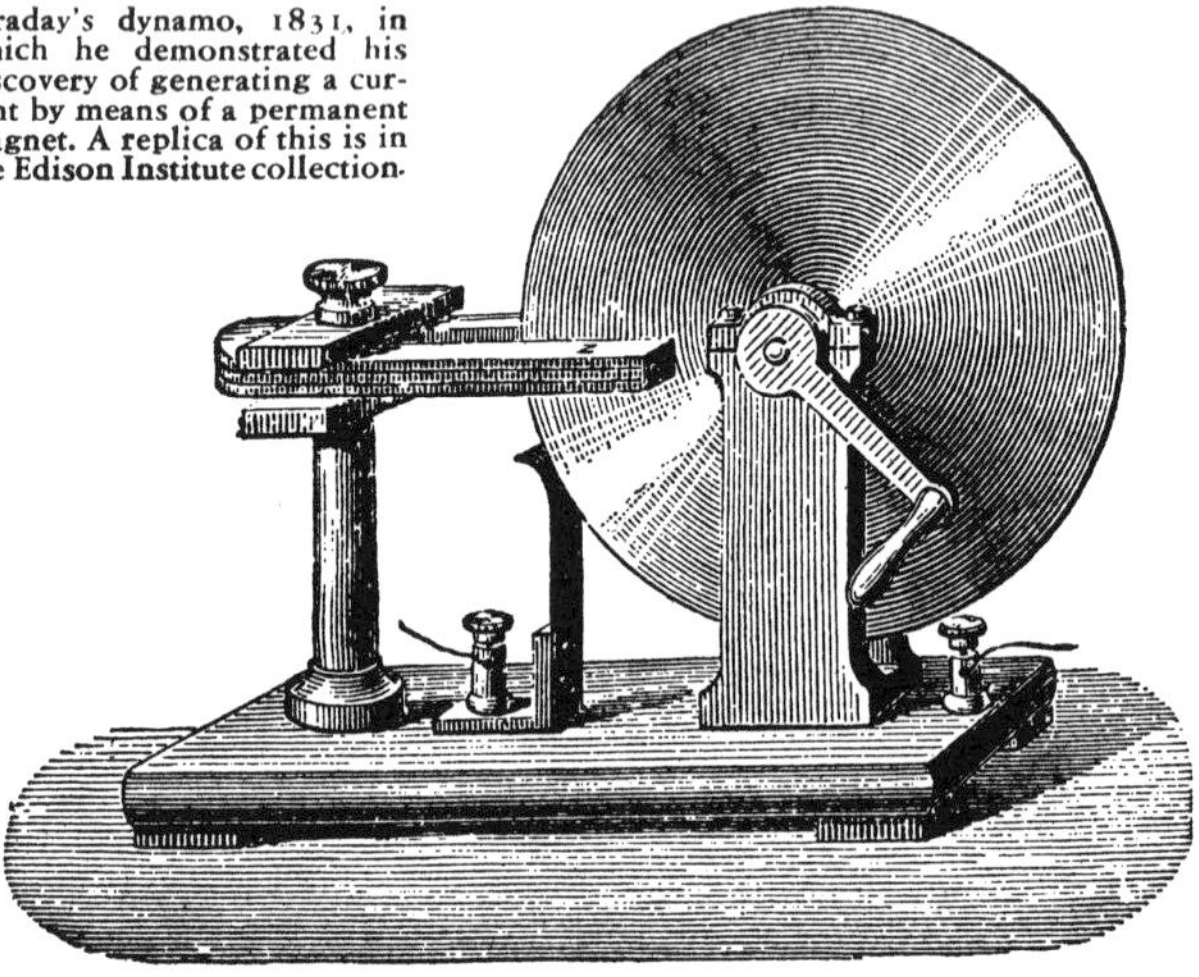

Faraday's dynamo, 1831, in which he demonstrated his discovery of generating a current by means of a permanent magnet. A replica of this is in the Edison Institute collection.

図1－6　ファラデー・ダイナモの模型

の『回想』に引用されたものですが、エジソン組のだれかが作ったレプリカらしい。案外、ジェールが作ったのかもしれません。

ここまでくると、電池なしでも電流を得ることができるのではないか、という見通しがつきました。このあと電磁誘導を使った発電装置、つまり発電機の開発競争が始まります。まず、磁石なりコイルなりを回転させなければいけませんが、そのエネルギーはどこからとってきたらよいのか、という問題が生じました。デモンストレーション用や健康グッズ用——当時は電気ショック健康法が流行っていました——には人力による回転でもよいでしょうが、アーク灯の電源としてはそれでは間に合わなくなります。結局、蒸気機関を使おう、ということになりました。

問題は、発電機のアーキテクチャーをどうすべきか、ということになりました。論点の第一は、磁石とコイルとのどちらを固定し、どちらを回転させるか、ということでした。論点の第二は、その磁石としては天然の磁石を使ったらよいのか、電磁石を使ったらよいのか、ということでした。電磁石の利用は一八二五年にウィリアム・スタージャンが始めました。論点の第三は、電磁石を使うとして、その電源にべつに電池を用意すべきなのか、そうではなくてこの装置自体が生じる電流の一部をもどして使うことができるのか、ということでした。あとの場合を「自励式《じれいしき》」といいます。自励式をだれが発明したかについては何人かの名前が挙げられていますが、とにかく一八六六年には実用になっていたようです。

いろいろな方式が試みられましたが、一八七〇年代になると蒸気機関駆動、電磁石利用、自励式のアーキテクチャーに落ち着きました。その構造を**図1-7**としてエジソンのノートから引用しておきます。これをみれば、**図1-1**の左にあった4台の装置が発電機を描いたものであったことが分かりますね。このアーキテクチャーをもつ発電機を当時「ダイナモ」と呼ぶようになりました。「ダイナミック・エレクトリック」(動電気)という言葉を縮めたものです。ただし、エジソンはそうは言わないで「ファラデー機械」と呼んでいました。かれは自分とおなじような苦学力行《りっこう》の士であるファラデーを尊敬していました。若きエジソンは、ファラデーの『電気学実験研究』という書名を自分の読書記録にメモしています。

ところでコイルの回転によってどのような電流が生じるのか、その説明はまだしていませんでしたね。ここでその解説をしておきましょう。みなさん「フレミングの右手の法則」というのを知っていますか。ここにもエポノミーの例がありますが、「右手の法則」はそのJ・A・フレミングが示した電磁誘導の早分かり法です。右手の親指と人差し指と中指とを互いに直角にして開いてみてください。親指の方向をコイルの動く方向、人差し

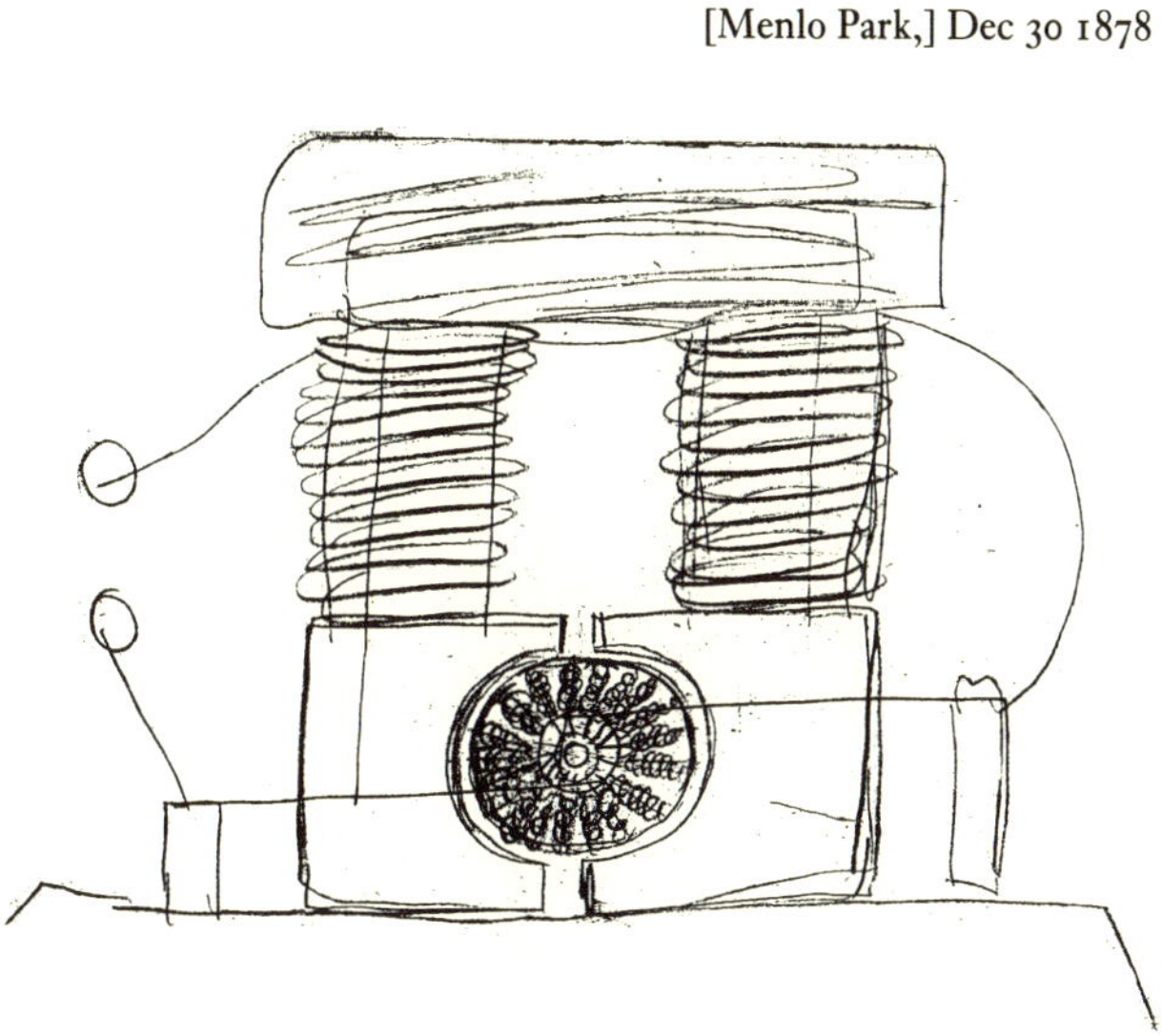

図１－７　ダイナモの実験ノート

指の方向を磁界の方向としますと、中指の方向がコイルのなかで電流の流れる方向になります。「磁界」という耳慣れない言葉がでてきましたが、磁石はその周りにある鉄片やコイルに作用を及ぼします。そのような作用の及ぶ空間を磁界といいます。

問題はコイルが回転することです。したがって、半回転ごとに電流の向きが逆転することになります。それまでは、電流は電池で起こすものと思い込んでいましたので、つまりその流れる方向は一定であるという固定観念がありましたので、これは困る、ということになりました。したがって、発電機から取り出される電流を一定に保つためには、コイルが半回転するたびにここから送り出される電流の方向を逆転させる必要がありました。

電流の向きを半回転ごとに逆転させる仕掛けを整流器といいます。その仕掛けの説明は省略しますが、コロンブスのタマゴ的な発想の装置なので、つまり簡単な装置なので、関心のある人は理科室に転がっている直流モーターを観察してみたらよい。電源を切ってから覗《のぞ》いてね。ついでにいえば、モーターは電流を供給してコイルに回転運動を起こさせる装置です。つまり発電機の逆の機能をもっています。ただし、整流器なしの発電機もありました。こちらはコイル半回転ごとに電流の向きが逆転します。このような電流を交流といいます。この交流がのちにエジソンにとって手ごわい相手となります。

ここで上記のフレミングについてひと言。かれは電気工学の研究者でしたが、エジソンの顧問にもなりましたし、のちには無線電信の発明家グリエルモ・マルコーニの事業も手伝いました。このときに先ほど紹介したエジソンの真空管の実験を思いだし、その結果を利用して二極真空管を考案しました。一九〇四年でした。リー・ド・フォレストがこのアイデアを発展させて三極真空管を発明したのは一九〇六年でした。このあと無線通信は、放送を含めて、大きい事業分野になります。エジソンにとってみれば、残念なことだったでしょう。

フレミングにもどれば、かれは教育に熱心で、だから発電機に関する「右手の法則」を考えついたのでしょう。じつは「左手の法則」もあります。こちらはモーターに関するものです。晩年に『電気工学の半世紀』——以下、『半世紀』——という回顧録を書いています。私はこの講義の種本の一つにしています。

9　交流ではなく直流

エジソンは発電機についてどんなアイデアをもっていたのか。やっとその話になります。ジェールの『回想』には、当時の発電機の比較表が載っています。そこには約20種の製品が列挙されています。直流のものと交流のものとが半々くらいでしょうか。このなかからエジソンは自分の狙いに合うものを物色しました。

エジソンの狙いとは、それは第一に直流のシステムで一貫すること、つまり、ランプも直流、回路も直流、したがって発電機も直流にすること、第二に、繰り返し言いましたが、電圧は一定、電流は可変の発電機をつくることでした。

なぜ直流か。フレミングの『半世紀』によれば、どうやら、当時、交流のほうはまだ技術が熟していなかった、という点につきるようです。もう、数年あとであれば、交流技術の将来性がみえるようになった、といっていいようです。交流技術の実用化にあたっては変圧器の発明が欠かせませんが、その発明がなされたのは一八八二年でした。

ということで、エジソンは電圧一定かつ電流可変の直流発電機の実用化にのめりこみます。ジェールの『回想』によれば、当時の技術者は、発電機の内部抵抗と外部抵抗の関係について無関心だったということです。理由は不明です。なお、内部抵抗とは発電機のなかにある抵抗、また、外部抵抗とは送電線とランプのフィラメントのもつ抵抗を指します。

エジソンはここに課題がある、と指摘しました。内部抵抗を少なくすれば、発電機内で無駄に消費されるエネルギーを抑え、その分、外部へ送り出せるエネルギーを増大することができる。電気事業にとってはここが肝心な点である、ということです。この点にこだわると、当時の発電機は内部の温度上昇がひどかったんですね。発熱が大きいのは、エネルギーがムダに消費されていることを意味していました。これは内部抵抗が大きいためだ。

エジソンはここに注目しました。

エジソンの構想はランプを並列につなぐことにありました。並列の場合、その合成抵抗は小さくなります。n個のランプに対する合成抵抗は1個のランプに対する抵抗の1／nになります。これとのバランスをとるためにも、発電機の内部抵抗を小さくする必要がありました。

発電機の改良のために、エジソンとアプトンとは、コイルの鉄心の材質、コイルの巻き方、コイルの絶縁法など、考えられることはすべて議論したようです。エジソンはつぎつぎとアイデアを繰り出し、アプトンはこれを数式化して答えるといった問答が続いたようです。エジソンのアイデアは、磁石で遊んだ少年時代の思い出や電信士として得た経験から導かれたようです。

フレミングは後年つぎのように言っています。「一八八〇～八二年までは、発電機の構成は科学的技術とは称しえなかった。それは大部分、過去の失敗にかんがみた賢明な当て推量によっておこなわれていたのである」。メンローパークではエジソンの当て推量がアプトンの学識によって科学的技術へと変身しつつあった、といってよいのかもしれません。かれはあれこれありましたが、エジソンは自分の目的にあった直流発電機を試作しました。一八八〇年でした。かれはそれに「胴長のメアリ・アン」というニックネームをつけました。

さらにその改良品を開発しました。こちらには「ジャンボ」というニックネームをつけました。一八八二年になっていました。

そう、言い忘れていましたが、エジソンは発電機と蒸気機関との直結を試みました。それまでは蒸気機関の動力はベルトを介して発電機に伝えられていました。これでは摩擦や滑りによるエネルギー損失が生じます。エジソンはこの損失をなくそうとしました。こうなると、蒸気機関に対しても回転数をこれこれにせよというような注文が生じます。つまり、エジソンは蒸気機関にまで目配りをしたことになります。ここにもシステム的思考がありますね。

10　エジソン・システム

ランプも完成、発電機も完成、だが、まだエジソンにはなすべき仕事が残っていました。それはエジソン・システムが社会のインフラストラクチャーとしての役割を果たさなければならない、ということと関係していました。

インフラストラクチャーとはなにか。エジソンの時代でみると、すでに道路、運河、鉄道がありました。また若きエジソン自身が通信士としてかかわった電信がありました。それはどんな特徴をもたなければならないのか。これをまず考えてみましょう。

「インフラストラクチャー」とかかわりのある言葉を探しますと、たとえば「コモン・キャリヤ」とか「ユニバーサル・サービス」などがでてきます。前者は一九世紀に鉄道事業の普及とともに生まれてきた言葉、後者は二〇世紀の初めに電話事業の大衆化とともに現れてきた言葉です。どちらも、お客さんが手を挙げて呼んだら、どんな人であってもその人に分け隔てなくサービスをしなければならない、という意味をもっています。インフラストラクチャーとは、そうした不特定多数の人びとへの公平なサービスのために不可欠な社会基盤を指す言葉です。

まず、エジソン・システムはつねにサービスを継続しなければなりません。ユーザーは気儘《きまま》にランプを点けたり消したりしますが、これに即《そく》、対応できなければなりません。もちろん故障が生じたときには、すぐにバックアップをとらなければなりません。また、新しいユーザーが加入を申し込んできたら、これも受け付けなければなりません。したがって発電機の出力は、つねに余裕をもち、かつ、増やしたり減らしたりができるようにしておかなければなりません。これは複数の発電機を並列に接続することで可能になりました。当時は、交流発電機は並列運転ができないと思われていました。ここにもエジソンが直流を選んだ理由がありました。

いま言ったように、ユーザーの人びとのライフ・スタイルはさまざまですから、ランプの使用数もその使用時間もばらばらです。これに応じるために各家庭にスイッチも取り付けました。ついでにいうと、ランプには寿命がありますので、家庭内でその着脱ができなければなりません。だからソケットも作りました。

また、すべての客先に対して、それぞれがどのくらいの電気を消費したのか、それを確認しなければなりません。そうしないと、電気料金の請求書を作ることができません。この点については、エジソンは電気分解を応用したメーターを家庭ごとに配り、その使用量を計ることにしました。

電気分解は、これもファラデーが一八三三年に発見した現象です。さきにボルタが電池を発明したといいました。電池は化学エネルギーを電気エネルギーに変える装置です。いっぽう、電気分解は電気エネルギーを化学エネルギーに変える現象です。

容器に入れた電解質の溶液に2枚の金属板を浸け、それぞれの金属板を電池のプラス極とマイナス極につなぎます。このときに溶液中に化学変化が生じ、一方の板が溶けだし、他方の板に新しい金属が析出《せきしゅつ》します。この現象について、ファラデーは法則性があることを見つけました。それは「金属の析出量（あるいは溶解量）は、電解質の溶液を流れる総電気量（＝電流×時間）に比例する」というものでした。ついでながら、くわしい説明は省きますが、一定量の金属を析出するために必要な電気量の単位も「ファラデー」と呼びます。これもエポノミーです。ファラデーは1人で二つも単位名をもっていることになります。

エジソンは2枚の亜鉛板を硫酸亜鉛の溶液に浸した装置を作りました。ここに電流を通すと、一方の亜鉛板が溶け、それが他方の板へ析出します。その量はファラデーの法則によって1アンペアの電流を1時間通すと1・213グラムになると試算されますので、現実に析出した量を計り、これを1・213グラムで割れば個々の家庭が使った電気量を知ることができます。

さらに、家庭において、また送電の途中において、人びとに危険を及ぼすようなことがあってはなりません。つまり、漏電《ろうでん》があってはならない。このためにエジソンは送電線を地中に埋設しました。埋設するにあたり、送電線を木製の樋《とい》のなかに通し、電線と樋の隙間に漏電防止のための絶縁材を充填しました。また、個々の家庭にはヒューズを取り付けました。スイッチもソケットもメーターも埋設用の樋もヒューズも、すべてエジソン・システムには欠かせない要素でした。エジソンはこれらをすべて自前で開発しました。

エジソン以前は送電線は空中に張るものとされていました。アーク灯では故障の修理中に空中で感電死する電気工夫もときおりあったといいます。エジソンが並列、電圧一定のシステムにこだわった理由の一つはここにありました。

いろいろありましたが、これでエジソン・システムは完成しました。一八八二年九月四日午後三時、エジソン電気照明会社は事業を開始しました。ユーザーの数は58、ランプの数は400でした。発電所はニューヨーク市パールストリートの255番地から257番地にかけて建設されました。なぜ、この地に発電所を建設したかといえば、この地域に裕福な人びとが密集して住んでいたためでした。使われている電灯の数は同年一〇月には1284個になり、翌年一〇月には8573個になりました。

この事業のためにエジソンは一八七八年にエジソン電気照明会社を設立しました。その目的は発明の管理と事業化にありました。またエジソン電球会社、エジソン電線会社、エジソン機械製作所、を一八八一年に立ち上げました。エジソン機械製作所は発電機の製造を受け持ちました。エジソンの事業は軌道にのりました。

なお、エジソン電気照明会社はその資金を鉄道資本家のウィリアム・ヴァンダービルトと金融資本家のJ・P・モルガンに出してもらいました。エジソン・システムは稼働した時点において、開発費用としてすでに60万ドルも使っていました。それまでの資本家はすでにこの世に存在するものに対して資金を出していました。だがこのときに資本家はエジソンが発明するであろう技術に、つまりまだ海のものとも山のものとも見当のつかないものに投資をしたことになります。新しい時代が出現しました。

11　システムの戦い

ここで話をしめたいのですが、もう少しがまんしてください。エジソン・システムがどうなったのか、それを最後に確認しておきましょう。エジソン・システムは直流のシステムでした。直流のシステムにしたのは、当時、交流の技術が完成していなかったためでした。システムというからには、その要素が、あるいはその部品が一つ欠けただけでも成り立ちません。

直流システムでは、送電と消費とにおいて電圧を同一にしなければならないという条件がありました。このためのトレードオフとしてエジソンが電圧を１００ボルトと選んだことについてはすでに説明しましたね。ここで電圧を高くすることができれば、その分、電力損失を増やさずに送電距離を伸ばすことができたはずです。だが１００ボルトでは、送電距離はせいぜい2マイルでした。このためにニューヨーク市内には60もの発電所が作られたといわれています。

ここに交流システムが開発されました。交流とは、流れる方向が周期的に――毎秒数十回の割合で――変化する電流を指します。さきに直流発電機を作るためには整流器が必要だと言いましたね。この整流器を外したものが交流発電機になります。交流の特徴は電圧を自由に上下できることにあります。電圧を上下できれば、送電において電圧を上げ、消費において電圧をさげることができます。

だが「システム」というからには、発電から消費まで交流技術で一貫しなければなりません。まず、電圧の上下ですが、これは交流によって初めて実現した技術でした。この米国特許が取られたのは一八八二年でした。また、システムとして初めて実用的なものが組み立てられたのは一八八六年でした。つまり、交流システムが動き始めたのはエジソンの直流システムの完成直後でした。

だが、一八八〇年代においては、どちらのシステムが有利なのかについてにわかには判断できませんでした。世間の人は二つのシステムの競争を「電流の戦い」あるいは「システムの戦い」と囃《はや》し立てました。技術者の意見も二つに分かれました。同一人であっても意見と行動とが食い違っていた技術者もいました。たとえば米国電気技術者協会の会長にもなったジョン・ホプキンソン。かれは実績としては交流システムに寄与していながら、理念としては直流システムを擁護《ようご》していました。つまり、時代のなかに漬《つ》かっていた人にとっては、どちらが有利であったのか見分けがつかなかったということでしょう。

エジソンは一八八八年になっても交流システムに歩がないと主張していました。安全でない、信頼性がない、たくさんの電灯を同時に点けることができない、品質の均一な電灯を作れない、十分な寿命をもつ電灯を作れない、電力をメーターで量り売りできない、モーターを運転できない——これが理由でした。この時点では、半分は真実、半分は言い過ぎ、といったものでしたが、システムの選択にあたり、なにが注目されたのか、この言葉から推測できます。

あれこれありましたが、交流システムは一八九三年にシカゴ博覧会に導入されました。一八九六年にはナイアガラに交流発電所が建設されました。どちらもウェスティングハウス社が建設したものです。後者は5000ボルトの電力を発電し、これを1万1000ボルトに上げて送電しました。送電距離は26マイルに達しました。交流システムの比率は、発電所の数でみると、一八九〇年に10パーセントであったものが、一八九七年に43パーセント、そして一九一七年になって95パーセントに達しています。つまり、30年もかかってやっと直流に替わったということになります。ということで、エジソンの直流システムは消えてしまいました。かれの仕事はランプをべつにすれば、今日では110ボルトの家庭用電圧とソケットの規格として残っているだけです。

もうひと言。交流・直流論争はともかく、電気技術の開発によって、人間はエネルギーを輸送する方法を手にしました。それまでは熱エネルギーにしても機械的エネルギーにしても、その発生したところで消費しなければなりませんでした。電気技術は、これらをいったん電気エネルギーにして、そのエネルギーを遠隔地に送ることができるようにしました。大きな技術革新があった、といってよいでしょう。

12　最初の設問

エジソンは不幸でした。かれが数年でも遅れていたら、あるいは交流システムに挑んだかもしれません。だが、電力事業というものは大規模なシステムなので、いったん出来てしまうと小回りがききません。

なぜならば第一に、システム全体にわたって技術的な統一性が求められるからです。こちらは直流、そちらは交流、などということはできません（もちろん、そうした工夫もないことはなかったのですが、コスト高になるために過渡的なシステムにとどまりました）。理由の第二は、この型のシステムには規模の経済というものが成り立ちます。システムが大型になれば、そのサービス単価は低くなるわけです。だからシステムはいったんできてしまうと膨張したがる傾向をもつことになります。

ということで、この型のシステムはいったん動きだすと、それが技術的、経済的な難点をもっていることが後で分かっても、そのスクラップ・アンド・ビルドは難しい。だから直流が交流に移行するのに30年もかかったわけです。

エジソンが直列システムを押し通したために、多くの国では、「直列→並列」という回り道を余儀《よぎ》なくされ、このために莫大なコストを余分に支払ったことになります。もしも、とここで言わせてください。もしも、エジソンの電力システムの開発が、5年でもよい、遅れていたら、電力システムの開発史は違っていたかもしれません。

いや、エジソンが遅れても、第二のエジソンが跳び出して、同じ結果を導いたろう、という答えになるかもしれません。そうかもしれない。とすれば、私たちはこのようなムダをあきらめなければならないのでしょうか。

ここで話題を現代の日本に移します。近年、インフラストラクチャーにかかわるような大規模システムの開発がしばしば企てられるようになりました。たとえば、インターネット・バンキングのシステムがあります。このような場合に、私たちの社会はどんな手続きで、その是非を判断しているのでしょうか。事情はじつはエジソンの時代と大きく変わっていませんね。それは手をあげた企業人が自分のリスクでおこなう、こんな手順になっています。行政によるコントロールがあるではないか、という声があるかもしれません。だが多くの場合、その行政はビジネスの後押しをしているだけです。

問題は、技術の仕組みと社会の構造とがともに複雑となり、双方がたがいに依存しあう状況になっていることです。だから、大規模なシステム開発が社会の在り方にどのような影響をもたらすのか、それはだれにどんなコストを負担させるものとなるか、あるいはなんらかのリスクをもたらすものになるのか、にわかには判断できません。

いま、エジソンに分からなかったことがだれに分かるのか、と言いました。また、時代の渦中《かちゅう》にいるものには見えないだろう、とも言いました。と言いながらも、私はその是非についての評価を、だれかがしなければならない、と考えます。

そのだれかですが、当事者となる企業人ではムリですね。第三者であるアカデミーの研究者はどうでしょうか。近年、アカデミーの人もビジネスに寄り添うようになりました。やはりムリかな。とすれば、政治家かな。あるいは、ジャーナリストか。「だれがこの役割を果たすべきなのか」。これが、この第1回の講義での設問です。ここで回答のためのヒントを一つ。市民コンセンサス会議という合意形成のための手順があります。この手順は、日本でも社会実験として、この10年間ほど試みられています。それがどんなものなのか、これについては、たとえば http://www.ajcost.jp/ で調べることができるはずです。ここになにが期待できるのか。あるいは、なにが足りないのか。これを考えてみてください。

講義のあとの雑談

まだ時間が残っています。最初の講義なので気張ってしまい、早口になってしまったからかな。残った時間を使って、発明のシステム化についても紹介しておきましょうか。もう少し私に付き合ってみようか、という暇人がいたら残ってくれたまえ。

エジソン以前は、発明は個人的な営為、いわば発明オタク、あるいは発明オジサンによるものでした。そのような発明オタクは、マシン・ショップで腕を磨きました。ここで若い機械工たちは、親方の仕事を手伝ったり、親方から場所と道具を借りて自分の仕事をこなしたりしていました。このような機械工を当時「マッカー」と呼びました。マッカーには「一緒に食べたり働いたり」（マックイン）、「冗談を言い回る」（マックアバウト）という意味が含まれていたと言います。この言葉には技術にのめり込む若者の姿が鮮やかに映っていますね。

エジソン以前には、大企業は、このようなマシン・ショップに研究を外注、つまりアウトソーシングしていました。エジソンはこれをシステム化し、それを企業化したこととなります。つまり、エジソンの冴えていた点は発明のために前代未聞《ぜんだいみもん》の研究開発グループを組織したことにあります。

エジソンは自分の手元に有能なスタッフを集めました。そのスタッフは当時は珍しかった大学出から腕のたつ職人まで、一芸一能に秀でた人でした。まず、アプトンがいます。きみはフォン・ヘルムホルツの弟子だからこんなことは朝飯前だろう、などとエジソンはアプトンをおだてています。そう言いながらも、べつの場所では「私は数学者を雇うことはできるが、数学者は私を雇うことはできないだろう」とうそぶいていました。ついでに言うと、アプトンは「私は問題に答えることは得意だが、問題を作ることは苦手だ」といっていたようです。なお、ヘルマン・フォン・ヘルムホルツは当時ベルリン大学におり、物理学から生理学にいたる広い領域で指導的な役割を果たしていた学者でした。

このほかに機械工のチャールズ・バチェラーとジョン・クルージーがいました。どちらも腕がたち仕事に誇りをもった職人でした。とくにバチェラーはエジソンの分身、遊び友達、パートナーといった関係でした。このようなグループを世の人びとは「メンロー・パーク・ギャング」と呼んだといいます。ジェールはこのときにはまだティーンエイジャーでしたが、かれものちにエジソン組のスタッフになります。

メンローパーク研究所のスケッチが残っています。そこには事務棟、実験棟、発電棟などが描かれています。その内部の様子のスケッチもありますが、これをみるとずらりと薬品棚が並んでいます。また、たくさんの実験台も置かれており、そのうえにさまざまの実験装置が散らかっています。

その実験装置ですが、エジソンは新しいものを積極的に輸入したようです。当時の米国は技術的にはまだ後進国でした。シュプレンゲル・ポンプの工面《くめん》に強引な手口を使ったという話はすでにしましたね。

技術に関するニュースやライバルの動向などについても、それらをエジソンはつねに追いかけていました。このために情報の収集に熱心でした。図書室も充実していましたし、ヨーロッパにいる知人や協力者とつねに情報交換をしていました。ガス灯文献の収集の徹底さについてはすでに紹介しましたね。

このようなスタッフと設備を使いこなして、エジソンは発明を量産したことになります。メンローパークでは、エジソンは電話、蓄音機、そして白熱灯、発電機、と開発を進めました。のちに場所をウェストオレンジに移し、ここに規模がより大きい研究所を建設しました。このようにして、エジソンは発明という活動をシステム化したことになります。

いま発明の量産といいましたが、これはエジソンの特許出願数をみれば分かります。それは一八八〇年に60件、八一年に89件、八二年に107件になっています。二〇世紀における制御理論の大家、ノーバート・ウィーナーは「エジソンの最大の発明は、科学的ではなく経済的な発明であった。それは産業（として）の科学研究所というものの発明（であった）」（鎮目恭夫訳）といっています。

最後に繰り返せば、ランプにしても、発電機にしても、送電方式にしても、個々の技術についてはエジソンよりも前に手がけた人は大勢いました。この意味ではエジソンは、かならずしも先駆者ではなかった。だが、これらをまとめて一つのシステムとして構想した人はエジソンの前にはいなかったのです。

また先人のいろいろな業績をまとめるためには、技術の動向に対して敏感なセンサーを張りめぐらしていなければなりません。このためには情報収集活動を欠かすことはできません。

システム的発想とこのための情報収集、この二つを重視した点にエジソンの真骨頂《しんこつちょう》がありました。そうだ、エジソンにはもう一つ、持ち前の強みがありました。それはメンローパーク・ギャングの一団を、なにかに憑《つ》かれたように働かせるリーダーシップでした。

今回はここで打ち止めとしましょう。

第2回　エジソンと技術標準

1　『エジソン氏追想』

今回も、まず一つの回想録の紹介から始めましょう。途中、合点《がてん》のいかないところがあっても、読みとばしてください。あとで説明いたします。

一八七七年一一月の半ば、ニュージャージー州メンローパークのエジソン研究所に起きたことを語ろう。私は当時エジソンの主任助手であったが、すでに数年間にわたり断続的に自動電信システムの開発をおこなっていた。その一つとして高速に回転する小さい円板からなる装置があった。その装置は円板によって紙テープを送り、その紙テープ上に針によってドットとダッシュとを一直線上に化学的に記録するものであった。

また、私たちは長期にわたりエジソン炭素電話を開発していたが、そのなかに人の声を作り出す振動板もあった。これらの装置は実験室にあり、それらを私たちは毎日使っていた。その数年前から、私たちはパラフィンをコーティングした紙――現在のキャンディの包み紙に似たもの――のための装置を設計、製作し、この機械で電気的な作業に使うコンデンサーを製作していた。このために、さまざまの厚みの紙、コーティングのある紙、コーティングのない紙が大量に戸棚に収納されていた。

エジソンはさまざまの寸法の振動板を製作するときに、その振動板をマウスピースを付けた枠に取り付け、その枠を手にもち、それに向かって高い声、低い声でしゃべることを日頃のやり方としていた。このときに同時に、かれは振動板の中心に指を触れ、声の振動がどのように振動板に伝達されるかを〔触覚的に〕確かめていた。

ある晩、夜食――それは真夜中に私たちのために用意されたものであった――のあとで、そこには主だったスタッフ全員が揃《そろ》っていたのだが、このときにエジソンは突然しゃべった。「バッチ、分かるかな。私は思うのだが、振動板の中心に針を取り付け、その振動板に向かってしゃべる。同時に、その針の下でワックスを塗った紙を引っ張る。このやり方によって紙に凹《くぼ》みを生じさせることができるだろう。つぎに、この紙をもう一度引っ張る。このときに、その紙はまえのおしゃべりを私たちに戻してくれるだろう」。この思いつきの素晴らしさについて、私たちのだれも驚かなかった。

それは自明に思えたからである。全員が、もちろんそれに違いない、というはずであった。

私は「やってみましょう。すぐに」と応じ、私たちは仕事にかかった。主任機械工のクルージは振動板の中心に4分の1インチの長さの針をハンダ付けした。つぎに、自動電信機の回転板を一つ取り出し、これに振動板を取り付け、その下に紙を挟み、その紙を容易に引きずれるようにした。私はいろいろな厚みのパラフィン・コーティング紙を取り出し、それをストリップの形に切った。準備には一時間もかかっただろうか。それから私たちは一緒になって実験を始めた。私たちはその装置を机に固定した。私はこの装置に紙のストリップを置き、針先を下げて、それが紙を軽く圧《お》すように調節した。エジソンは座り、口をマウスピースにつけ「メリーさんの羊」をどなった。同時に私は紙を引っ張った。「メリーさんの羊」は私たちが電話の実験をするときにいつも使う決まり文句であった。

私たちはストリップを点検し、そこに不規則な痕跡を見ることができた。私たちはそれをもう一度置き、それを最初のときとほとんど同じ速度で針の下を通して引っ張った。このときに「アリ、アド、エト、ラム」といった声が聞こえた。それは上出来とはいえないなにかではあったが、なにかしら形のあるものがそこにはあった。私たちは喜びの声をあげた。よかった。全員が互いに握手した。私たちは、何回も、また、多くの違った方法で実験を繰り返し、しだいにその装置を改良した。もう、明け方になっていた。これらの変化を繰り返しているあいだに、エジソンと私とはこの発明の可能性について語り、この着想の卓越性とその可能な応用の重要性についても気づいた。朝食のまえには、私たちはワックス紙のストリップから完全に近い歯切れのよい言葉を得ることができた。そのストリップの中央には一線につづく凸部を全長にわたって型押しで作り、その凸部をタガネ（針先）が削るようにした。

つぎの夜になるまでに、私たちは丸みをもつ針先とスズ箔《はく》とから話し声を再現することができた。その声ははっきりしていたので私たちは実験用の機械を設計することに決めた。一二月の最初の数日間に、私たちはこの機械を製作した。その機械は（互いに並行な）真鍮《しんちゅう》製の円筒とシャフトとからできていた。円筒は手で回転されるようになっており、また、その表面には全長にわたり2分の1インチのピッチで螺旋《らせん》の溝が刻まれていた。シャフトにも同じピッチが刻まれており、ハンドルを回転させると、円筒を一定の速度で軸方向へ動かすようになっていた。

吹き込み用の振動板は話し声の記録のために円筒の一方の側面に取り付けられた。さらに敏感な振動板が話し声の再生のために反対側の側面に取り付けられた。それぞれの振動板は円筒から離されるようになっており、振動板は同時にはその一方のみしか操作できないようになっていた。円筒を速やかに着脱できるように、シャフトと連動するネジと止めネジが用意された。

円筒には1枚のスズ箔を被せた。円筒を持ち運ぶための容器も作った。スズ箔のシートは何回も（話し声を）再生することができた。普通に使われた針はその先が丸みをもつものであった。この機械については何千回もの実験がなされた。後日、同様の実験が繰り返された。そのいくつかは米国内の諸州、それにヨーロッパでも公開された。この時期、自分自身の声の再生を聞いてびっくりするために、群衆が毎日のようにメンローパークに押しかけていた。

この記事はバチェラーが一九〇六年に発表したもので、「エジソン氏に関する私の追想（その一）：フォノグラフの発明」——以下『追想』——という題名がついています。ちょっと長くなりましたが、これで全文です。バチェラーは、第1回の講義でも紹介しましたが、エジソンにとっては自分の分身、遊び仲間もかねていたスタッフでした。エジソンはかれを「バッチ」と呼んでいたようですね。比較のために言うと、第1回の講義で紹介したジェールの本は915ページの大著です。

もう、説明の要はないと思いますが、これはエジソンが蓄音機を発明したときの思い出です。ここにもエジソンの「閃《ひらめ》き」をみることができますね。とは言うものの、この記事を読んで皆さんは「なんだ」と感じることでしょう。いまロボット・コンテストなどに没頭しているあなた方にとっては、エジソンのやっていた実験はまるで子供だましのような、失礼、言葉が悪かったな、素朴すぎる、簡単すぎる、と思うのではないかな。だが、私はこの素朴な技術、単純な技術について、あなた方に訴えたいことがあります。それは今日の講義でおいおい言うつもりです。

ところで蓄音機については第1回の講義で紹介したジェールの記録はないのか。じつはこの時期にはジェールはまだ子供、メンローパーク・ギャングの仲間にはなっていませんでした。したがって、ジェールの『回想』にも蓄音機に関する記事はありますが、それは聞き書きにすぎません。ということで今回は省略します。

2　技術は普遍的

『追想』のなかで、ちょっと理解しにくい点があったかもしれません。まず、それを片づけておきましょう。『追想』の最初のパラグラフをみると、この時代、エジソンは自動電信と炭素電話の開発をしていたことが分かります。しかも、それぞれの開発研究が他の開発研究に利用されていたらしいことも推測されます。オリエンテーションで紹介しましたが、エジソンに関する記録類にラトガース大学の編集した『トマス・A・エジソン資料集』があります。その第3巻から第4巻にかけてに、この時期の記録が収められています。

まず、バチェラーが炭素電話といったものについて。一八七七年六月一八日に「話す電信」というベルの発明した電話（後述）に関する実験ノートがあります。ここにメガホンの底に振動板を張り、その口に自分の唇を接触させて声を出している人のスケッチ（図2-1）があり、つぎのような記事があります。

ベル磁気電話に関する改良。その改良はS、T、V、P、C、Jなどの歯擦音《しさつ》の子音を強めた点にある。

このあとにあれこれと考察が続いていますが、それはとばします。だが最後につぎのような見過ごすことのできないコメントが付いています。

振動板に切削《せっさく》用の針を取り付け、これをパラフィン紙に押しつけ、そのパラフィン紙を急速に動かす実験をした。話し声の振動が見事に窪《くぼ》みになっていた。人間の声を完

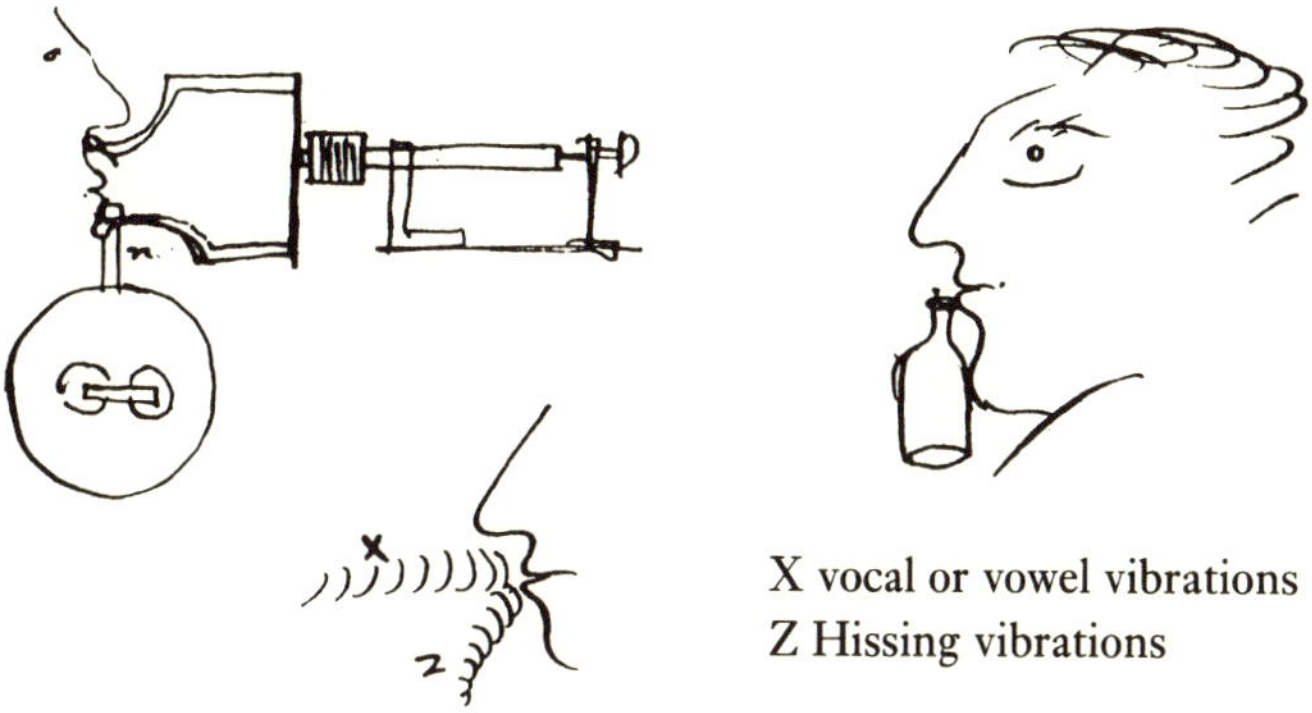

図2－1　話す電信の実験ノート

――全に貯蔵し、これを未来のいかなる時点においても自動的に再生することができるだろう。私はこれを確信した。

これは電話の実験が蓄音機のアイデアを導いたことを示唆しています。

つぎにバチェラーが自動電信システムといっていたものを紹介しましょう。図**2-2**を見てください。これがそうです。この装置はエジソンが一八七七年二月三日に特許をとった機械の模型であると想定されています。一八八〇年までは、特許の出願には模型を添えることが義務づけられていました。その模型はスミソニアン協会に保管されていましたがその後の火事で消失したものもあるようです。当時、模型は特許出願のために必要なだけではなく、出資者にこんな発明なんだと示すためにも作られていました。

話が後先になりましたが、この装置の名前は「電信用記録中継機」というものです。上の図では左の回転板に白い記録紙がのっています。この記録紙を回転させながら自分の電信局にきた電信を記録します。その記録紙を下の図のように右の回転板に移し、こんどは他局へ送信します（この図も説明もバチェラーの記述とはちょっと違いますが、原理は同じです）。当時の電信は電信のメッセージを伝言ゲームの要領でつないでいくものでしたので、このような中継機が必要でした。ついでにいうと、日本でも一九七〇年代までは、テレックス

図2－2　電信用記録中継機
（上）受信中　（下）送信中

通信で伝言データム型の中継をしていました。

電話も電信の中継も振動板を使いますね。また、そのための記録紙も使いますね。つまり、振動板、あるいは記録紙の研究はどちらのテーマにも役立ったわけです。この振動板、記録紙の研究がさらに蓄音機につながった。こういうことになります。このように技術というものは、一つの研究成果をいろいろな場面に応用できる可能性をもっています。つまり、普遍性があります。単純な技術ほど、この普遍性が高いのです。くわえて、単純な技術ほど不具合の発生が少ない。さきほど私は素朴な技術、単純な技術にこだわりましたが、これがその理由です。

もうひと言、つけくわえましょう。記録紙としてエジソンはストリップの紙を使いましたね。この経験がエジソンのつぎの発明に役立ちます。すでに第1回の講義でしゃべったことですが、エジソンは白熱電灯の開発にあたり、フィラメントにどんな材料を選んだらよいかで苦労しました。このときエジソンが最初に試みたのは、じつは手慣れた紙のストリップを使い、これを炭化させてフィラメントを作ることでした。電信、電話、蓄音機にわたる実験結果の集積が、エジソンの白熱灯開発を支えたことになります。

ところで、話をすべきことはエジソンの発明でしたね。肝心《かんじん》なことが後回しになりましたが、それを図**2-3**として紹介しましょう。これは『週刊ハーパー』の一八七八年三月

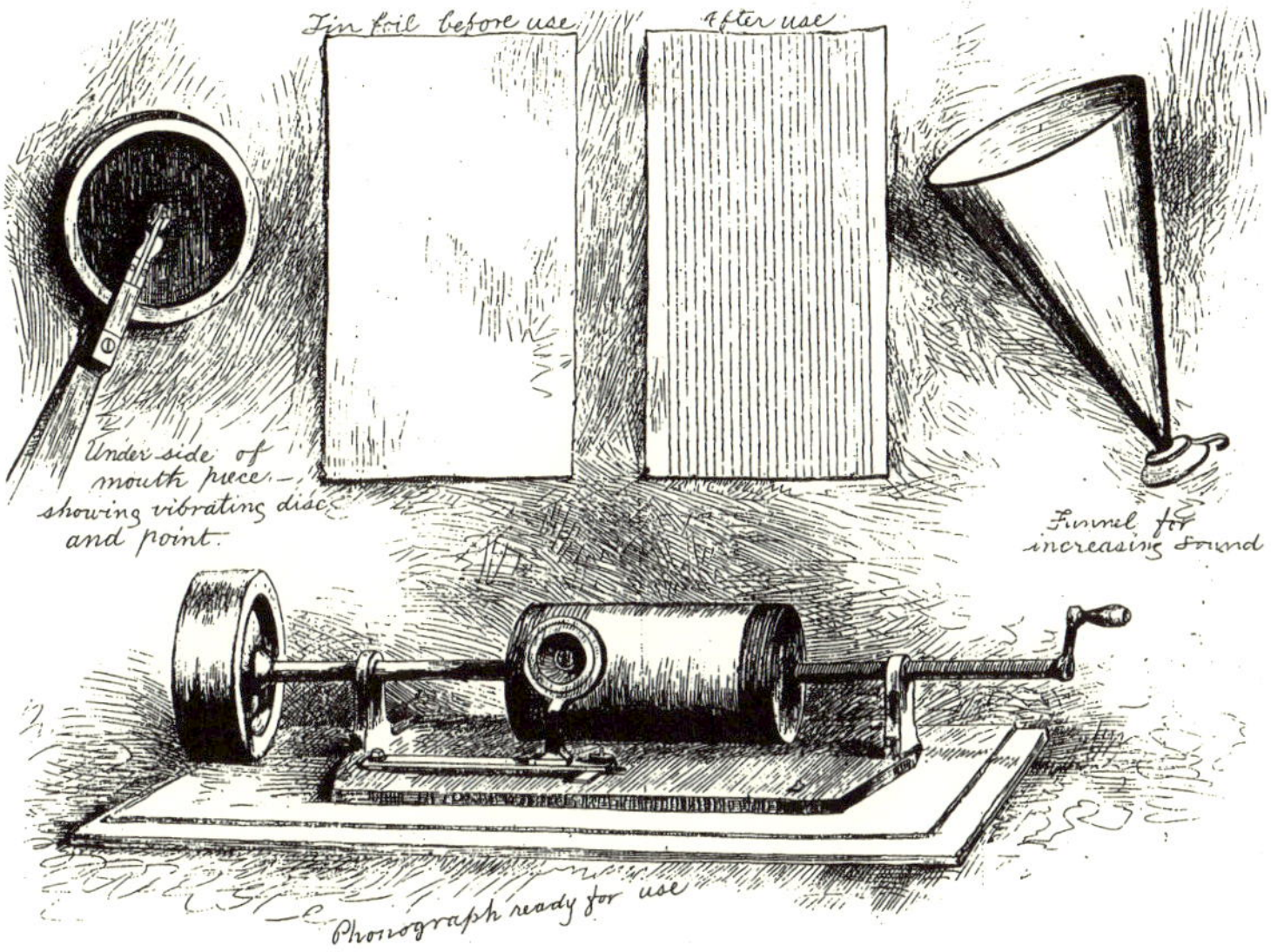

図2-3　フォノグラフ
（上左外）マウスピース下面　（上右外）ラッパ
（上左内）録音前スズ箔　（上右内）録音後スズ箔
（下）全体

三〇日号に掲載されたものです。下の図が全体像を示したものです。真ん中に円筒があり、その前方に振動板の取り付け口があります。円筒の下に回転にともなって円筒を左に動かすためのシャフトがあります。上の左の図は記録用の振動板と針を下からみたもの、右の図は再生用の振動板を取り付けたメガホンを側面からみたもの、また、中央にある二つの四角形は円筒に巻くスズ箔を拡げたもので、中央左が記録前、中央右が記録後、ということになります。前者はまっさら、後者には凹凸あり、これが見てとれますね。この図**2-3**を参照しながらもう一度『追想』を読んでほしい。この装置の仕組みをはっきり理解できるはずです。どうですか、理屈は簡単ですから分かったでしょう。

3　フォノグラフ

エジソンは自分の発明した蓄音機にフォノグラフという名前を付けました。ギリシャ語の「フォネ」つまり「音」と「グラフォ」つまり「書く」という言葉を組み合わせたのでした。この命名はまるまるエジソンの創作、というものではありません。すでに一八五九年にフランスの写真技師エドアール＝レオン・スコット・ド・マルタンヴィルが「フォノートグラフ」という音の記録装置を作っていました。この機械は、振動板に羊皮紙《ようひし》、針にブタの毛、記録メディアとして表面に煤《すす》を塗った円筒を使っていました。「フォノートグラフ」という言葉は「フォネ」と「グラフォ」のあいだに「オートス」つまり「自動」という言葉を挟んだものでした。

同時代にエジソンのライバルとなったアレキサンダー・グラハム・ベルも電話の開発途上において録音というテーマにぶつかっていました。だが、かれは聴覚障害者の教師だったために、このテーマを聴覚障害者には無縁のものとみなして、それ以上の研究には進みませんでした。ついでに言いますと、エジソンのほうは自分自身が聴覚障害者でした。にもかかわらず、かれは蓄音機を完成しました。『追想』のなかで、エジソンが振動板の実験にあたり、その中心に指を触れて振動の様子を確かめていたというくだりがありましたが、これは聴覚が不自由なためにおこなった仕種《しぐさ》でした。また、ピアノを歯で嚙《か》んで、その振動を自分の頭蓋骨に響かせて聞いたという話もあります。エジソンは聴覚障害だったにもかかわらず聴覚に関する発明をしたという話、ここで深入りはしませんが、人間の能力の可能性について私たちを元気づけてくれますね。

フォノグラフは回転する記録媒体と、これを支える装置からできていましたが、それぞれの規格はつぎのようになっていました。まず、記録媒体のほうですが、その形は直径4・97インチの円筒型であり、その記録面の材料はスズ箔でした。いっぽう、装置のほうですが、その録音用・再生用の針は半径16ミルの鋼鉄製であり、その針は記録面に対して上下方向に振動するようになっていました。さらに円筒の回転速度としては毎分60回転が望ましい、としていました。この回転数にすると、録音時間は32秒になりました。なお、回転は手動ということになっていました。ただし後には、足踏みの装置や電池駆動《くどう》の装置も作りましたし、蒸気機関による駆動方式も頭のなかにはあったようです。

ここで注を一つ。「ミル」とは長さの単位で１０００分の1インチを指します。日本の教科書では、現在、ＳＩつまり国際単位系を使う建て前になっていますが、この講義は歴史的に語るという方法をとっていますので、一九世紀の米国で使われていたヤード・ポンド法で単位を表すことにします。

エジソンは一八七八年にこの装置に「フォノグラフすなわち話す機械」というタイトルを付けて特許の出願をしています。それは円筒型のものであり、これには米国特許（ＵＳ２００５２１号）を取ることができました。だが、これに満足せずに同年「音の記録と再生」という特許も出願しています。こちらの出願書類のほうには、記録媒体として、円筒のほかに、円板（あるいは円盤）、テープ、ベルト、ストリップ、シートなども記載されていました。ところが、米国の特許庁は、エジソンの手続き上のミスを理由にしてこちらの特許については特許を認めませんでした。ここにエジソン以外の発明家が参入する可能性が生じました。エジソンが円筒以外のアイデアをもっていたという証拠をかれの実験ノー

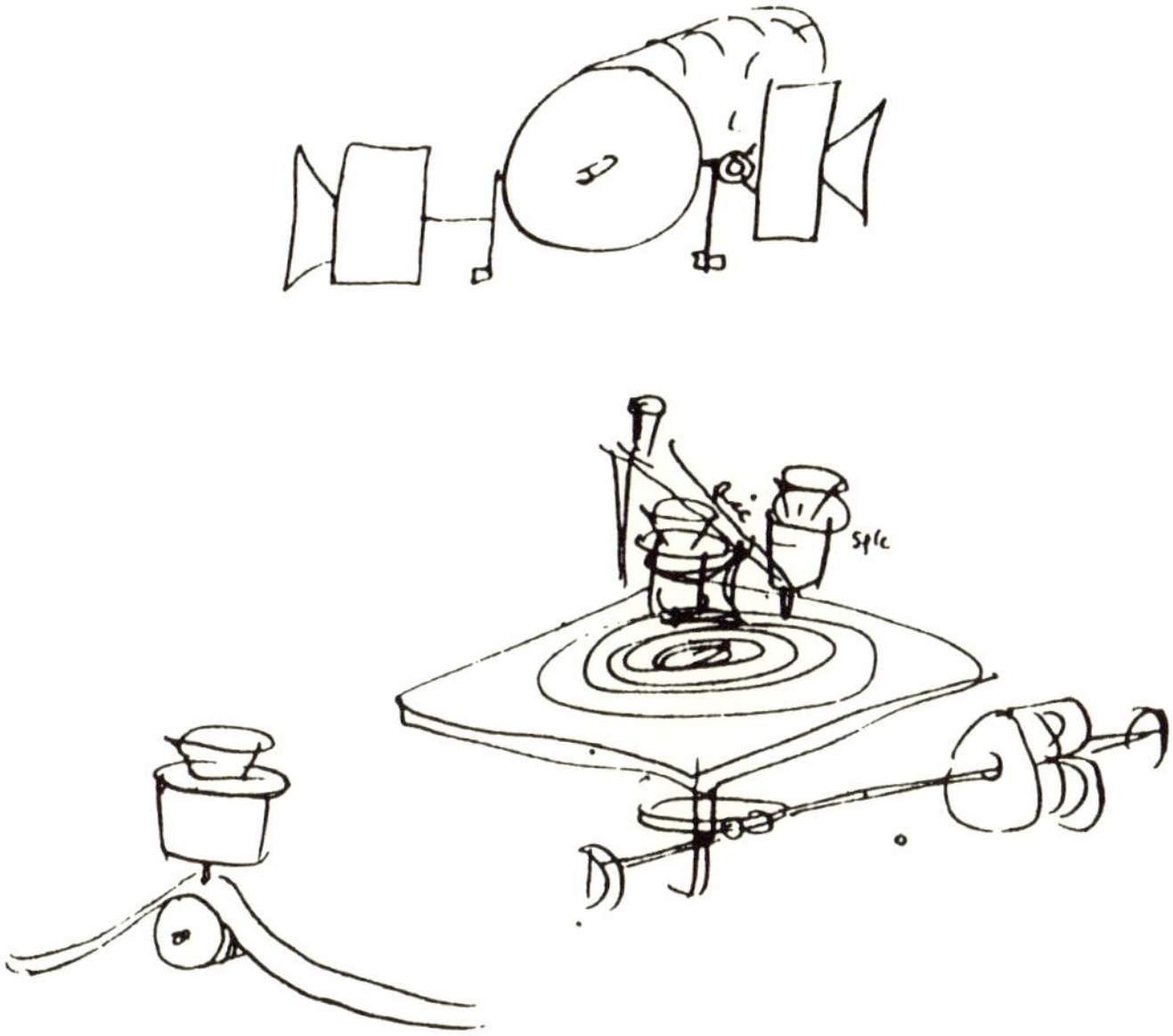

図 2 - 4　フォノグラフの実験ノート
（上）円筒記録型（下左）テープ記録型（下右）円板記録型

トから図2－4として引用しておきましょう。

4　アーキテクチャーの選択

ということで、エジソン以外に、フォノグラフ類似品を開発しようという競争者が現れました。まずチチェスター・ベルとサムナー・テインターが第一の競争者として現れ、つぎにエミール・ベルリナーが第二の競争者として挑んできました。

ベルは化学者、テインターは精密機械の製造者でした。話が回りくどくなりますが、電話を発明したベルは、フランス政府からその功績によって賞金を授与されました。ベルはその賞金によって研究所を設け、ここに従兄弟のチチェスターを呼びました。かれらは録音をテーマの一つに選びました。

二人は先行するエジソンの特許を迂回《うかい》する必要がありました。このためにどんな工夫をしたのか。これを列挙してみましょう。まえがエジソンのもの、あとがベル＆テインターのものです。もちろん、ベル＆テインターも特許（US341214号）をとりました。

記録媒体の材料：スズ箔→ワックスを染み込ませたボール紙

針：針→ナイフの刃
振動板と針：剛結合→柔結合
増幅装置：なし→ラッパあるいはイヤフォン

ボール紙ですが、これはエジソンの特許を避ける工夫でした。つぎの針についても同じです。エジソン特許は針で媒体に凹凸を「打ち込む」となっていましたが、ベル＆テインターはナイフの刃によって媒体に凹凸を「刻みつける」ということにしました。打ち込むと隣の溝まで変形させてしまうリスクがありましたが、刻みつけることでこれを避けることができました。また、これで音の歪みを除くこともできました。

つぎは剛結合から柔結合へということですが、これで音の歪みを少なくすることができました。だが、このために音の大きさが小さくなってしまいました。これを補うためにラッパやイヤフォンを考案した、ということです。一般に機械の開発にあたっては、一方を立てると他方が立たない、ということがあります。このバランスをとるための匙《さじ》加減をどうしたらよいのか。どんな技術開発においても、このような匙加減をしなければならない場面にかならず遭遇します。これを「トレードオフ」といいますが、そのトレードオフのとり方に技術開発の妙味があるんだな。

二人は、自分たちの製品に「グラフォフォン」という名前を付けました。この名前は「フォノグラフ」の前後の音節を入れ換えたものでした。

もう一人の競争者であったベルリナーはどんな装置を開発したのか。かれはエジソンの特許とベル&テインターの特許を同時に避けなければなりませんでした。このためにつぎのような工夫をしました。まえがエジソンあるいはベル&テインターの方式、あとがベルリナーの方式になります。

記録媒体の形：円筒→円盤
記録媒体の材料：スズ箔→シェラック
記録法：物理的→主として化学的
針の振動：垂直方向→水平方向
駆動法：手→ゼンマイ

まず、記録法について説明しましょう。ベルリナーの方法はエッチング法、つまり写真の製版技術を応用したものでした。亜鉛の円盤を用意し、この表面に耐酸性のワックスを塗ります。これを記録媒体にします。この上に針で振動を描くと、ワックス上にその軌跡が残ります。ここに酸を注ぐと、その酸が軌跡の部分のみを腐食して亜鉛板上に溝を作ります。そこでワックスを除くと亜鉛板がプレス用の型、つまりスタンパーとして出来上がります。

ベルリナーは化学法にこだわったために、先行者の円筒方式をとることができず、そのかわりに円盤型に行きついたことになります。これがスタンパーを作ることにつながり、そのスタンパーは録音記録の量産化へと道を開くことになります。

針の振動方向を水平にしたのは、このほうが摩擦が少ないために滑りがよかったためです。摩擦が大きいと針から記録への振動の伝わり方に遅れが生じました。つまり応答が悪くなりました。ただし水平にしますと、隣の溝に針の跳ぶリスクがありました。ここにもトレードオフがあります。

ベルリナーが苦労したのは媒体の材料でした。スズ箔にはエジソンの特許があります。ワックスにはベル＆テインターの特許がありました。最初はエボナイトと硫化《りゅうか》ゴムを混ぜ合わせたものを使っていましたが、とても満足できる代物ではありませんでした。だが、ついにシェラックを見つけました。これはラックカイガラムシの分泌物を精製したものです。私の少年時代には、レコードはまだシェラック製でした。

最後に、回転のために手動ではなくゼンマイを使いました。ところできみたち、ゼンマイを知っているかな。最近は電化時代で姿を消してしまったが、漢字では「発条」あるいは「撥条」と書くんだ。渦巻き状に巻いた鋼鉄製のストリップで、それを締めつけると反撥力が生じる。これを動力源とします。話をもどすと、シェラックもゼンマイもベルリナーの最初のモデルにあったわけではなく、後日、かれが他社との競争のなかで思いついたものでした。

ベルリナーは自分の発明品に「グラモフォン」という名称を付けました。これも「フォノグラフ」にあやかったものです。「グラモ」は「グラフ」に、また「フォン」は「フォノ」に対応しています。もちろん、特許（US372786号）もとりました。

5　デジタルからアナログへ

うっかりしました。『追想』について、もう一つ注釈が必要ですね。バチェラーの記述のなかに「ドット」と「ダッシュ」という言葉があります。この意味をここで説明しておきましょう。これは「ドット」つまり「・」と「ダッシュ」つまり「―」とによって、アルファベットを表現する方法を指します。これをモールス符号といいます。これは電信の発明者サミュエル・モース――日本ではモールスと発音するのが通例になっています――が考案したものです。ここにも第1回の講義で紹介したエポノミーがありますね。

モースが作った最初の符号表を**図2-5**として紹介しましょう。これをみると、上から「E」が「・」、「T」が「—」、「A」が「・—」、「I」が「・・」…、となっています。たとえば「・　—・・　・・　・・・　・　—・」というメッセージが届いたとすれば、それは「EDISON」ということになります。

図2-5に記載されている文字の順序は、私たちが慣れているA、B、C…のそれと違いますね。なぜか。右の欄の数字を見てください。これはモースが印刷屋に行って、そこにあった活字の本数を調べた結果です。活字だが、これもきみたち見たことがないでしょうね。だが説明の必要はないよね。この本数の多い文字ほど、英語の文章に出現する頻度《ひんど》が高いだろう、という予想がつきますね。とすれば、使用頻度の高い文字ほど電信士にとって簡単な操作ができるようにしておいたほうがよい。ということで、文字の出現頻度が小さくなるにしたがって、「・」と「—」の組合せをしだいに複雑にするわけです。

もし、諸君のなかに推理小説のファンがいれば、この話を聞いて、なんだエドガー・アラン・ポーの『黄金虫』にある暗号解読の話とそっくりではないか、と気づいたことでしょう。念のために言えば、モースが最初のメッセージを送ったのは一八四四年、ポーが『黄金虫』を書いたのは一八四八年でした。このような情報の伝達に関するあれこれの方法は、二〇世紀に一般化されて情報理論という新しい研究分野を作っています。関心のあ

E	-	12,000
T	—	9,000
A	-—	8,000
I	--	8,000
N	—-	8,000
O	- -	8,000
S	---	8,000
H	----	6,400
R	- --	6,200
D	—--	4,400
L	——	4,000
U	--—	3,400
C	-- -	3,000
M	——	3,000
F	-—-	2,500
W	-——	2,000
Y	-- --	2,000
G	——-	1,700
P	-----	1,700
B	—---	1,600
V	---—	1,200
K	—-—	800
Q	--—-	500
J	- ---	400
X	-—--	400
Z	--- -	200

図2－5　モールス符号　（左）アルファベット
（中）モールス符号　（右）活字の数

る人は挑戦してみたらどうでしょうか。

あれ、そこの挙手している人、なにかあるの。……なるほど、アーサー・コナン・ドイルの『踊る人形』にも同じような暗号があるって。ありがとう。さすがにシャーロック・ホームズともなると、詳しい人がいるものですね。ただしどうかな、調べれば分かることですが、ドイルのほうが時代はあとでしょうね。

話がそれてしまいましたが、じつはエジソンは電信士として人生を始めました。したがってモールス符号はお手のもの、仲間のなかでも図抜けた能力をもっていたといいます。平均的なオペレーターは毎分25ないし40語の文章を送っていましたが、エジソンの能力はこの四倍にも達したと伝えられています。長女に「ドット」、長男に「ダッシュ」というニックネームも付けていました。後年、チャールズ・スタインメッツというこれまた優れた電子工学者と仲良しになりましたが、そのスタインメッツは耳の遠いエジソンの指を握り、モールス符号を使ってメッセージを伝えたということです。

モールス符号のまえはどうしていたのか。実用になった通信システムはモースのものが最初でしたが、実験的なものはそれ以前からありました。たとえばS・T・フォン・ゼンメリングは一八〇八年に、35本の線を使う通信システムを作っています。第一の線に信号が送られれば「A」、それが二番目だったら「B」というようにしたわけです。35本とは

「アルファベット＋数字」に対して1本ずつ線を設けたということです。（36本でないと数が合いませんが、その理由は分かりません）。だから1本の線でメッセージを送ることのできるモースの方式は画期的だったわけです。

　ここで『追想』にもどります。バチェラーが「なにかしら形のあるもの」といったものは、パラフィン紙あるいはスズ箔の上に刻まれた凹凸から生まれたものでした。それは図**2-3**（77ページ）の上、中央右のスズ箔に記録されているものです。こちらは記録した人の声がそのままの形で再生されます。英語であれば英語で聞こえます。それは日本人が再生しても英語で聞こえます。

　モールス符号は違います。さきほどの「・　―・・　・・　・・・　・　・―・」ですが、これを日本人の電信士が日本語と思って解釈すると「ヘホ゛ラレ　タ」という意味不明のメッセージになってしまいます。なぜこうなるのか。文字と符号との対応がアルファベットとカナで違うからです。送信者は「ＥＤＩＳＯＮ」のつもりで送ったのに、こんなことになります。こちらは一つのメッセージが相手によってべつに解釈されてしまう可能性があります。つまりメッセージの記録方式には二つの型があります。スズ箔の記録方式をアナログ型、モールス符号の記録方式をデジタル型、といいます。

　これだけの説明ではアナログのほうが優れているようにみえますが、二〇世紀の後半になってデジタルの技術が大きく発展しました。音であっても映像であっても、その記録と再生とにおいて、裏側でデジタル技術がしっかりと支えています。だが、この点に深入りすると、いよいよエジソンから離れてしまいますので、ここでやめておきます。

6　市場開発の競争

フォノグラフは、最初からそうと狙いをつけて開発したものではありませんでした。それは電信の中継機と電話の振動板に関する研究の副産物としてできてしまったものでした。ということで、エジソンはそれを扱いかねたようです。もちろん、この発明についてもすぐに特許を出願し、大々的に宣伝を始めました。

エジソンはあれこれと応用例を考えてはいました。現に、雑誌『北米評論』でそれらを列挙しています。速記者なしの口述筆記、視力障害者用書籍、雄弁術の教育、家庭用記録、オルゴールおよび玩具、偉人の言葉の保存と再生、授業のタイム・シフト、電話メッセージの保存——こんなところが、かれの考えた応用例でした。だが、どの応用を商品に仕立てればよいのか、これに迷ったようです。

エジソンはフォノグラフの特許出願については他の人たちに先んじていたのですが、その商品化については熱心ではありませんでした。じつは当時、エジソンは第1回の講義で紹介した電力システムに全力投球をしていたので、フォノグラフにまで手が回らなかった、ということでした。エジソンは、訪問者があれば、その声を録音し、それを速く回したり、ゆっくり回したりして相手を驚かした、あるいは逆回しにして、火星人の声だとふざけたり、こんなことでお茶をにごしていたようです。

このエジソンの手詰まり状況を見透かしたかのように、ベル&テインターとベルリナーがそれぞれの思惑をもってここに参入してきたわけです。エジソンはこれに応じて戦線復帰します。この間、ほぼ10年たっていました。どうやら、エジソンには一筋縄ではいかないふてぶてしいところがあるようです。まずアイデアがあると、それをとりあえず特許に仕立て、その権利を確保しておきます。つぎにその特許を寝せておき、様子見をします。もし、だれかがこの特許に注目して動き始めますと、ちょっと待て、自分は特許をもっているといって相手を抑えこみます。こんな手口を濫用《らんよう》していたようです。つまり、他人の行動をみて市場開発の是非《ぜひ》を決定していたようなのです。フォノグラフのまえの白熱灯でも、このあとの映画でも、そんなフシがあります。

ともかくも、エジソンの会社は独自路線で突っ走りました。あとの二つの会社は、それぞれ合従連衡《がっしょうれんこう》を繰り返します。結果として、エジソンのフォノグラフ社、それにヴィクター社、コロンビア社という三社が競争する形になります。順序としては、ベル&テインターの会社はベルリナーの作った会社に吸収されます。この会社が分裂してヴィクターとコロンビアになるわけです。そのコロンビアにはフォノグラフの有力な子会社が吸収されています。現在の言葉でいえばM＆Aです。このM＆Aの原因は他社が自社の特許を侵害しているという訴訟で、これは頻繁《ひんぱん》に起こりました。ということで、ヴィクターとコロンビアには各社の特許がまぜこぜに存在しているといった有様になりました。

各社はその製品の商品化を試みます。それは多くの失敗とわずかの成功をもたらしました。その軌跡をたどってみましょう。まず、エジソンですが、かれは三つの商品を考案しました。その第一が自動口述機、その第二が「おしゃべり人形」、その第三が「ニッケル・イン・ザ・スロットマシン」でした。

まず、口述機について。会社のオフィスでタイプライターが使われるようになったのはこの時代でした。つまり、当時はオフィス人口の激増期でした。この新しい市場を狙ったという点では着想はよかった。だが、失敗してしまいました。理由は簡単。まず、速記者が自分の失職をおそれて反対しました。つぎに、装置の駆動用として電池を付けましたが、オフィスに汚い電池を持ち込むことには反撥がありました（エジソンは電池には思い入れをもっていました。若き電信士のときには電池に充電する日課があったためでしょう。晩年には電気自動車用電池の開発に没頭しました）。最後に、これは決定的な理由でしたが、信頼性が悪かった。「s」や「h」など子音の記録と再生がままならなかったようです。くわえて、故障が頻発したもようです。ということで、口述機事業は二年間で店じまいになりました。

つぎは「おしゃべり人形」。これは人形に再生専用の記録用円筒を格納するというアイデアでした。発音がはっきりしていなくても、童謡であれば耳になじんでおり、発音の少々の聞きにくさは問題になりません。だが、これも失敗しました。まず、記録媒体のスズ箔が繰り返しの使用ですぐに磨耗してしまいます。くわえて、子供の扱いは乱暴です。だから故障も多かった。当初の評判はよかったのですがクレーム殺到、ただちに工場は閉鎖されてしまいました。

最後は「ニッケル・イン・ザ・スロットマシン」。5セントのニッケル製のコインを投入しますと、音楽を一曲聞くことができる。演奏時間は二分。つまりジュークボックスの原型となりました。これは成功しました。のちの話になりますが、工場では毎日3000ないし5000個の円筒を出荷するようになりました。

コロンビア社の創設者は速記者でした。だが、この分野における事業開発をさっさとあきらめてしまい、一八九〇年代になると音楽分野に狙いを定めました。ヴィクター社もこれを追いかけました。つまり、双方ともにコンテンツの提供事業を始めたことになります。とくにヴィクター社は人気のあるオペラ歌手と専属契約を結び、そのバージョンに「赤盤」というブランドを付けて販売しました。私の少年時代にも赤盤が珍重されていたなあ。いま言ったオペラ歌手ですが、エンリコ・カルーソーの朗々たるベルカント唱法が評判になりました。カルーソーの有声音はきれいだったので、当時の未熟な録音技術にはうってつけだったようです。

ということで、今日のレコード産業は一九世紀末から二〇世紀初頭にかけて出現したことになります。これは録音をメーカーが引き受けてしまい、ユーザーは再生のみを実行するというビジネス・モデルでした。この結果、すでに録音された媒体であるレコードと、このレコードの再生用装置としての蓄音機とが、商品として市場で売り買いされるようになりました。

7　米国式の生産原理

一八八八年、エジソンはフォノグラフ工場の建設にとりかかりました。このときに自分の仲間に「この機械（フォノグラフ）は鉄砲やミシンのように部品の互換性に関する米国式の原理によってのみ製造されることになる。人手で作られる機械はきりのない混乱を引き起こすものだ」と書いています。「米国式の（生産）原理」という言葉が使われたのは、このときが最初だったという技術史家がいます。

この「米国式の原理」の中身ですが、エジソン自身の言葉にしたがえば、第一に人手の機械化、第二に互換性の実現、ということになります。まず機械化ですが、当時、すでに馬車や家具などの製造分野で始まっていました。ここでは専用の工作機械によって部品を量産し、つぎにそれらを組み立てるという方法がとられていました。このために機械工という職種が生まれていました。

つぎの互換性についてはどうか。これが当時の米国にあったというのは俗説だよというのが技術史家の意見のようですが、とはいうものの、エジソン自身が互換性を主張していたのは事実です。互換性とはなにか。これを考えてみましょう。

エジソンは銃とミシンを例にあげていますが、どちらの製品もたくさんの部品を組み合わせて作られています。これらの部品は手作業では出来上がりが不揃いになるので、「すり合わせ」をしながら組み立てなければなりません。だから熟練工の技が不可欠ということになります。だが、部品の仕上げが均一であれば非熟練工であっても作業ができるし、組立作業も円滑になります。

とすればつぎの課題は、寸法が均一の部品をどうやって作るのかということになります。まず設計段階で部品の規格をきっちり決めなければなりません。これが部品の標準化といわれる作業です。部品を規格どおりのものに仕上げることは、さまざまな治具《じぐ》や専用の機械を使えば可能になります。これが工程の機械化ということになります。ついでですが「治具」は"jig"の訳語です。うまい。

均一の部品を用意できれば、その組立手順も手際よくこなせるようになります。このときに工程も標準化されることになります。工程の標準化が実現すれば、その流れは円滑になります。これが流れ作業というものです。当時すでにシカゴの食肉工場では流れ作業が運用されていました。それはブタに対する「屠殺→煮沸→解体→水洗→乾燥」というプロセスでした。

規格化、機械化、流れ作業などを組み合わせれば、量産化や歩留《ぶどま》りの向上を実現することができます。まず量産化の意味については説明の要はありませんね。つぎに歩留りの意味ですが、これは規格に合致した完成品のできる割合を指します。エジソンの念頭にあった米国式の原理とは、このような生産方式だったのでしょう。ひと言でまとめれば、それは生産のシステム化といえます。

そこで互換性ですが、これは部品を規格化し、その部品を完成品のあいだで差し換え可能にすることを指します。このメリットはいろいろとあります。まず、完成品に故障が生じたときには、その部品だけを交換すればよい。もし互換性がなければ、一つの部品が故障しただけでも、その完成品全体を捨てなければなりません。これを避けることができればユーザーにとって好ましい。

つぎに、かりにエジソン社の部品が壊れても、ベル&テインター社の部品で間に合わせることができますね。これもユーザーにとってつごうがよい。とすれば、部品メーカーと完成品のメーカーはべつの会社であってもよいことになります。メーカーは自分の得意な分野の生産に専念できるようになるので、これはメーカーにとってのメリットにもなります。

エジソン自身、工場のシステム化には熱心でした。この時期に、エジソンは磁鉄鉱を採取するための自動化鉱山を建設し、稼働していました。それは「採石→運搬→粉砕→乾燥→篩分《ふるいわ》け→選鉱→懸濁《けんだく》化→成形→焼成《しょうせい》」という一連のプロセスを全自動化する巨大プラントでした。自動車王ヘンリー・フォードは若い時代にエジソンの事業所で働いていましたが、そのかれが後に開発したT型フォード車の組立ラインは、エジソンの自動化鉱山からアイデアを借りたといわれています。自動化鉱山のあとでも、エジソンは映画の現像・焼付プロセスにおいて工場のシステム化を実現しています。

このようにエジソンは工場のシステム化に熱心でした。フォノグラフについてはどうであったのか。残念ながら、ことフォノグラフについては成功したとは言えなかったようです。稼働率は25パーセントにすぎなかったという記録が残っています。エジソン自身がしょっちゅう図面を書き換えていたのが一つの理由だったと言います。図面が変われば製造プロセスも変わります。だから変更の頻発する生産プロセスでは安定した製品を作ることができません。生産量も歩留りも落ちるはずです。

もう一つ、熟練工は自分の腕に自信をもっていたのでエジソン方式になじめず、非熟練工は図面が読めないのでこちらもエジソン方式に適応できなかった、ということもあったようです。これは当時の工場管理がそのなかに徒弟《とてい》制度を組み込んだ形になっていたことと関係があります。この時代においては、工場の現場では、工程ごとに親方がその作業を請負い、それを子分にさせるという方式がまだおこなわれていたのでした。上意下達《じょういかたつ》型の現代的な会社組織が生まれるのは一九世紀も末になってからです。

ということなので、エジソンはフォノグラフ生産とほぼ同時に、白熱灯の生産においてもフィラメントの封入や成形に製品の大量生産化を導入し始めていたのですが、それがどの程度までうまく動いていたのかについては、よく分かりません。

最初にもどって「米国式の原理」という言葉の由来ですが、つぎの事情がありました。英国の議会が一九世紀の半ばに米国の工場に調査団を派遣したことがあります。このあとの英国議会の報告会でこの言葉が使われました。ここに米国の生産方式についてやや買い被った記述があったのですが、これに当時の米国人は、そしてエジソンも、よろこんだのでしょう。当時の英国は工業先進国でした。

8 アーキテクチャーの競争

ここで録音媒体の形について改めて考えましょう。円筒型と円盤型とのどちらがよかったのかという問題です。当初、フォノグラフとグラフォフォンは円筒型、グラモフォンは円盤型でした。この三社は、特許をめぐって争いましたが、最終的にはエジソン社は円筒、コロンビア社は円筒と円盤、ヴィクター社は円盤を生産するようになりました。それぞれには利点と欠点とがありました。

まず、音質についてみましょう。音質は、針と記録媒体とのあいだの相対速度で決まります。この速度が大きいほどもとの振動をキメ細かく記録できます。したがって、円筒にせよ円盤にせよ回転数を大きくすればよい録音ができます。だが、どちらにせよ、記録の可能な溝の長さは一定なので、回転数を大きくすれば、その分、録音時間が小さくなります。ここにもトレードオフがあります。

円筒型のほうは音質が一定という利点がありました。メディアへの録音の溝は円筒の表面に螺旋型に刻まれます。したがって、針が録音メディアのうえを動く速度は始めから終わりまで一定になります。音質も初めから終わりまで一定です。いっぽう円盤型のほうは、録音は回転する円盤上で外側から内側へと渦状に進みます。外側も内側も当然ながら同一の回転数で回りますので、針と媒体との相対的な速度は外側のほうが大きく内側のほうが小さくなります。したがって、音質は外側から内側に向かうにしたがって悪くなります。だが、どちらにしても周波数特性は狭いものでした。ヒトの耳が感じ取れる音は20から2万ヘルツですが、いま話をしている装置は80から2000ヘルツだったという文献も残っていますが。だが、本当のところはよく分かりません。当時、しっかりした計測器があったはずはありませんので。「ヘルツ」ですが、周波数の単位で1秒あたりの振動数を表します。これもエポノミーで電波の発見者であるハインリッヒ・ヘルツを讃えたものです。

もし、エジソンの作った音が知りたければ、じつは「2分間ワックス・シリンダー」という3枚組みのCDがあります。これを聞いてみると、音質がいけませんね。たとえば「お休み」という歌が、いまの私たちの耳には目ざまし用の歌としてしか聞こえません。音に膨らみがないせいかな。針音のきしみも大きい。そう、「スクラッチ・ノイズ」という言葉がありましたね。いまでは死語になってしまいましたが。

音質のほかに、もう一つ、技術的な課題があります。それは生産方法です。こちらは円盤型に歩がありました。すでに言いましたが、その原盤をスタンパーとしていくらでもプレスをすることができたからです。だから録音のための演奏は一回でよかった。

いっぽう、円筒型のほうはコピーができませんから、原則、生産個数分、演奏を繰り返さなければなりませんでした。もちろん、複数の録音装置のまえで演奏することもできましたが、その数はやっと10個どまりといったところでした。したがって名手といえども、その演奏を繰り返す難行苦行から逃れることはできませんでした。もちろん、エジソンも量産法を工夫しています。それは彫刻のように型抜きによって作る方法でした。だが、どちらがすぐれているかについては自明といってもよいでしょう。

二〇世紀になると円盤型の優位がだれにも明らかになります。こんどは円盤型のあいだで競争が生じます。それは音質と録音時間とをめぐるものです。繰り返しますが、音質をよくするためには回転数を上げなければならず、だが、そうすれば録音時間が減ります。これを避けるためには、円盤の形を大きくしなければなりません。このトレードオフをどうとるのか。どの会社も迷ったようです。二〇世紀の最初の四半世紀のあいだに、回転数は毎分74から82回転のあいだを行ったり来たりしました。最終的には毎分78・3回転が業界標準になりました。

円盤の寸法は、最大20インチなどというものも現れましたが、結局、10インチと12インチとに落ち着きました。もう一つ、録音を記録する面を片面から両面へと拡げました。このようにして業界標準ができあがりました。この業界標準の意味ですが、ヴィクター社もコロンビア社も同じ規格の製品を作るので、ユーザーはどちらの蓄音機をもっていても双方のレコードをかけることができる、ということです。私の少年時代には、中古のレコード屋さんには、片面のレコードがまだ残っていました。

このように製品や部品に互換性をもたすこと、また、この互換性をもとにして生産プロセスをシステム化すること、この製品の互換化やプロセスのシステム化を業界にわたって普遍化すること、これらを含めて技術の標準化といいます。

9　洞察、あるいは思い込み

だがエジソンは円筒型にこだわりました。これには二つの理由があったようです。一つは技術的な卓越性を主な関心事にしていたこと、もう一つは応用についてもビジネス用優先、したがって大衆の娯楽についてこれといった見識をもっていなかった、ということでしょう。

あとから言いますと、耳が不自由だったためもあったのでしょうが、クラシックにはなじめなかったらしい。また、保守的な道徳が染みついていたためか、ダンス音楽にも距離を置いていたようです。ということで、レコードの二つの有望な市場を見過ごしてしまいました。

むしろ、音質の卓越性に挑みつづけました。これが円筒型にこだわった理由です。エジソンは晩年にトーン・テストというイベントを始めました（図2-6）。舞台にフォノグラフを置き、その脇に歌手を立たせます。フォノグラフは歌手の声を録音し再生し、歌手はこれに合わせて歌ったり、休んだりします。このときに聴衆はどちらの声を聞いているのか分からなくなった、といいます。エジソンは、どうだ、もとの音と再生音との区別がつかなくなるだろう、と誇りたかったのでしょう。

二〇世紀の半ばになってからですが、アラン・チューリングという英国の数学者が、機械は人間なみに考えることができるのか、という議論をしています。まず、カーテンの向こう側に機械と並んだ人間に座ってもらい、こちら側の人がテレタイプ――旧式の電子メール――で質問します。質問者はカーテンの向こう側から戻ってくる二つのメッセージを見比べて、そのどちらが機械からのものかを見分けることができるかどうか。チューリングはこれについてあれこれと論点を列挙しましたが、これが人工知能の可能性を論じた最初の論文となりました。このようなテストをチューリング・テストと呼びます。

この発想はまさにエジソンのトーン・テストそのものですね。そう、エジソンはフォノグラフと歌手のまえにカーテンを吊るしたカーテン・テストというものも実施しています。とすれば、エジソンは半世紀後の人工知能を夢見ていたのかも、あるいは洞察していたの

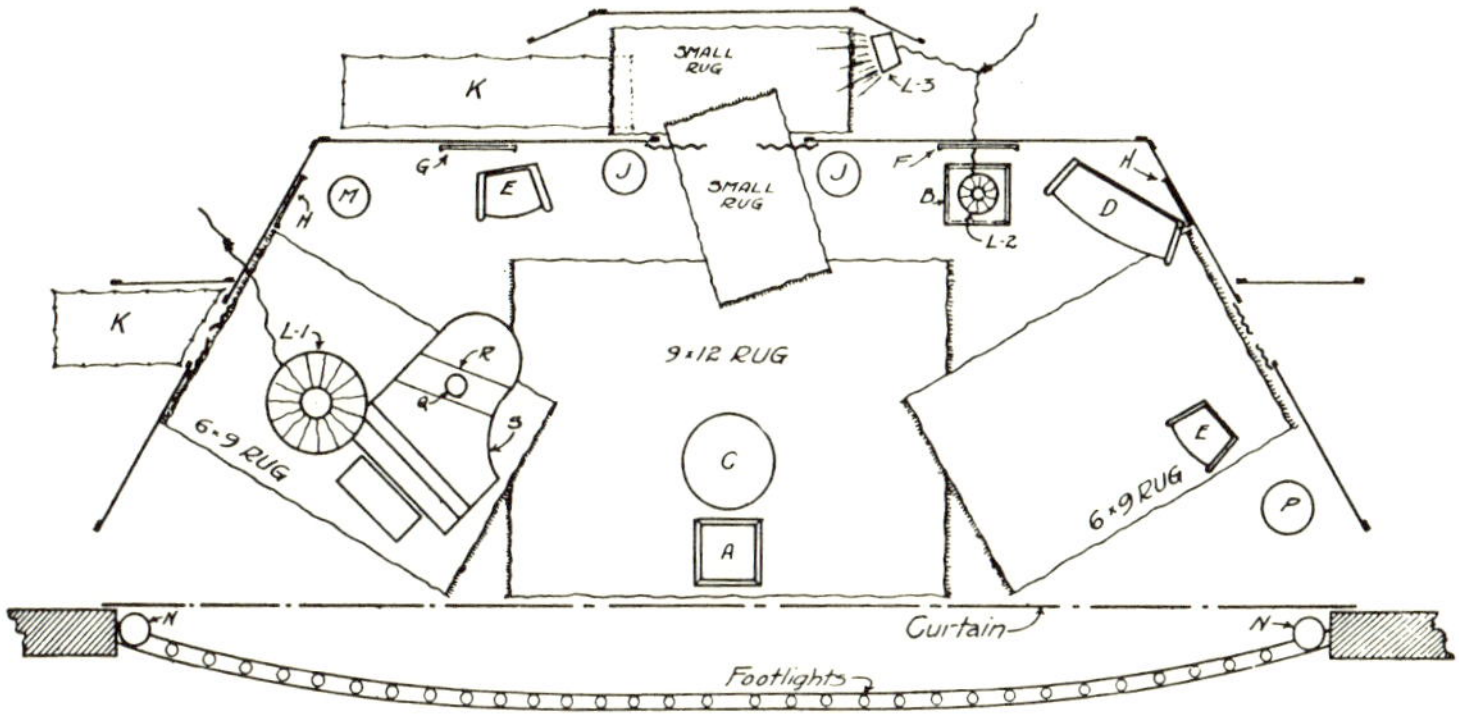

図2－6　トーン・テスト
(A) フォノグラフの位置
(C) 歌手の位置

かもしれません。フォノグラフ開発の初期に、エジソンは幼い子供が斧を振り上げてフォノグラフを壊そうとしている宣伝用のポスターを作っています。ここには「リアリズムの極致、楽隊を探す」というコピーが付けられています。このコピーにも再生音の迫真性を追いかけようとするチューリング・テスト的な発想を見つけることができますね。

ということで、晩年のエジソンは円筒型の改良に励みます。回転数も毎分90から160にまで上げます。これで音質を高めました。また、溝を切る密度を二倍にしました。これで録音時間を増やしました。いっぽう、商品の売れ筋としてみれば、ユーザーの好みは円盤型の音楽レコードにありました。またヴィクター社とコロンビア社のとったコンテンツ優先路線にありました。だが、60歳をすぎたエジソンは口述機重視の路線を崩すことはありませんでした。

エジソンが「米国式原理」と「互換性」という言葉を語ったのは31歳のときでした。にもかかわらず、かれはフォノグラフについては、米国式原理についても互換性についても、それを実現することはありませんでした。量産には向かない円筒型に執着し、工場の作業員に量産を納得させることができませんでした。念のために言いますと、米国式原理とは量産の生産方式を指すものでしたね。この事実は、エジソンのような卓越した技術者にしても、思い込みというものから逃れることが難しかったことを示しています。

10　二回目の設問

技術標準というものは、事業者が苦労して作り出したものです。だが、事業者だけがシャカリキになっても普及しません。それが社会の人びとに受け入れられなければなりません。今回の講義の例でいえば、円盤型のレコードの回転数がそうですね。前回の例でいえば、白熱灯の抵抗値、次回に予定している映画ではフィルムの幅などが、そうした標準になります。技術標準という言葉は、規格、仕様、などと使い分けられることもありますが、ここでは同じものとして受け取ってください。

円盤型のレコードですが、その規格は、結局、直径は12インチ、回転数は毎分78・3になりました。こう決まれば、すでに話したように、生産のための工作機械や治具なども、また生産の手順も標準化できます。このために、生産管理の水準も向上し、ハウスキーピングのメリットを享受できます。ハウスキーピングとはシステムの日々の運用のために不可欠なあれこれの生産慣行を指します。

どのレコード・メーカーも同じ規格の製品を作るとなれば、工作機械や治具など生産財のメーカーの仕事も標準化し、その結果、効率化します。生産財メーカーはどのレコード会社にも同じ規格の機械や治具を納入できるからです。逆に、レコード会社のほうも生産財メーカーを競わせて、同じ規格のなかから、もっとも安いもの、もっとも納期の短いものを買うことができます。

また、レコードのユーザーもレコードの規格が標準化されれば、どのレコード会社の製品であっても同じ再生装置を使って楽しめるというメリットが生じます。つまり標準化というものは、その製品にかかわるメーカーとユーザーとに、同時にメリットを与えるものとなります。そう、思いだしたでしょう。これが互換性ですね。技術というものはこのように標準を通して社会のなかにシステムとして埋め込まれるのです。

ところで、ユーザーの家庭にはすでに１００ボルトの電力が届いています。それは当初、白熱灯をサービスするために決められた規格でした。だが、レコードのユーザーはこの１００ボルトをそのまま使うでしょう。このように標準というものは、別の分野の技術、ここではそれは照明技術と録音技術ですが、それを結びつける役割ももっています。

この１００ボルトですが、これはユーザーへの感電のリスクを配慮して決めたものでもありました。したがって、レコードでこの１００ボルトを使うということは、白熱灯利用の分野における安全に関する経験の蓄積を利用することでもあります。標準はこのように安全を保証するという点では、一つの社会規範という意味ももっています。

私たちの手にするレコードは、現在では世代の変わったコンパクト・ディスクになっていますが、そのパッケージには「ADD」とか「DDD」といった記号が印刷されています。これをみてユーザーは、録音やマスタリングの方式が、アナログだな、デジタルだな、と理解するわけです。標準というものは、このように商品の売り手と買い手とが互いにコミュニケーションをとるために不可欠の約束事にもなります。

技術標準のなかには、このように社会性が組み込まれています。同時に、ここにはそれが成立するまでの多くの関係者の努力が含まれているということです。これらの標準類が公共財であることについては疑問の余地はないでしょう。

だが、もし、このような標準を自分のものとして専有できれば、その人は、あるいはその企業は、当の標準にかかわる全製品を支配できることになります。エジソン、ベル&テインター、ベルリナーの三者は、たがいにべつの仕様のレコードを作ろうとしたわけですが、かれらは三者三様にこれを狙ったわけですね。このような競い合いは現代でも、たとえばDVDや携帯電話の分野で繰り返されています。

話を先取りする格好になりますが、つぎの第3回の講義では、35ミリ幅の映画フィルムには自分の特許が含まれており、したがって35ミリ・フィルムのユーザーは自分にライセンス料を支払え、というエジソンの戦略を紹介する予定です。

35ミリ・フィルムという規格が映画業界で広く使われることになったという視点でみれ

ば、それは公共財ですね。だが、私はその規格をもつフィルムについて特許をもっていると言えば、それはその人の私有財産になります。

この技術標準と特許との絡み合いという現象ですが、それは二一世紀初頭の今日、日常化しています。問題がより複雑になったのは、技術の細分化と事業者の専門化とによって、一つの技術製品のなかに多数の事業者のもつ多数の特許が組み込まれるようになったことです。ちょっとした電子機器のなかには、たとえばテレビのなかには、数百件の特許が含まれています。その結果、一つの製品を製作するためには、多数の関係者から特許の使用について許諾をとらなければならない。だから、特許の保有者のうちのたった一人でもへソを曲げて当の特許の使用許諾をしなければ、その製品を市場に出すことができなくなります。

とくにその特許が研究の上流部分にある場合には及ぶ影響が大きい。たとえば、生命工学の分野で、遺伝子配列に特許をとったとすると、それを使うタンパク質、それを使う化合物、それを使う薬品というように、その影響範囲が大きく拡がります。

このようにして生じる特許の衝突や、特許の一人勝ちのような現象を指して、それを研究者は「反コモンズの悲劇」と言っています。特許同士の衝突があれば、規格の標準化などとてもできません。反コモンズとはだれかがそこへの立ち入りについて他人にあれこれと指図できるような場所の呼び名です。

これに対してコモンズとはだれもが自由に立ち入ることのできる共有地を指します。特許権のない世界を想像してみたら、それがコモンズということになります。ここでは発明家の努力は報いられることなく、隣人に模倣されてしまいます。このために発明家は意欲を失い、社会は活気を削がれることになるかもしれません。このような状況を「コモンズの悲劇」と呼びます。権利を強くしすぎると「反コモンズの悲劇」が生じます。権利を弱くしすぎると「コモンズの悲劇」が生じます。問題は「反コモンズの悲劇」と「コモンズの悲劇」との双方をどうしたら避けることができるのか、ということです。この微妙なトレードオフをとることができるのか。

ここで諸君に設問をいたします。「「反コモンズの悲劇」を解消するための名案はあるのか」。じつは一世紀前にエジソンはそのために自分勝手なアイデアを示しました。次回の講義でそれを紹介しますが、それまでにこの設問についてどんな回答がありうるのか。下調べをしておいてください。下調べには、例えば http://www.jstage.jst.go.jp/article/johokanri/47/4/286/_pdf/-char/ja/ をのぞいてください。「コモンズの悲劇」についての私の解説があります。

じゃあ、今回もご用とお急ぎのない方は残ってもらいましょうか。今日はエジソンはどんな時代にいたのか、それをまとめてみましょう。年表（一七六〜一七八ページ）を用意しましたので、それを参照しながら聞いて下さい。

エジソンは一八四七年に生まれ、一九三一年に84歳でなくなりました。フリーランサーの発明家になって最初の特許は一八六九年であり、エジソン社の社長を引いたのが一九二六年でした。つまり22歳から79歳まで、ほぼ半世紀にわたって現役で活躍したことになります。

この間、米国においてどんな事件があったのか。それをまず列挙してみましょう。一八四八年、カリフォルニアで金鉱が発見されます。フロンティアの開始です。一八六一〜六五年に南北戦争があります。南北戦争は、通信への需要増によって少年エジソンに通信士という職を与えます。南北戦争の後、米国は北部主導で工業化へと走ります。

一八七三年、マーク・トウェインの『金ぴか時代』が出版されます。物欲、俗悪、汚職の時代です。金ぴか時代はエジソンにつぎつぎと事業機会を与えます。この時代の産業資本家を当時の社会は追剥貴族《おいはぎ》と呼びました。その追剥貴族たちは、若いエジソンを、いや中年のエジソンをも、もみくしゃにします。この環境のなかで、エジソン自身もその追剥貴族の流儀に染まった挙動をするようになります。これについては次回のテーマとして話すつもりです。

世紀が変わって一九〇一年にテキサスに大油田が発見されます。安い石油が市場に溢《あふ》れます。このあと、自動車時代が到来します。一九一四年になるとパナマ運河が開通し、一九一七年には第一次世界大戦に参戦します。米国が世界のなかで覇権《はけん》をにぎるのはこの後ということになります。一九二九年、大恐慌が始まります。これが米国の覇権をネガティブな形で世界にみせつけます。つまりエジソンの活躍した時代は、まだヨーロッパ諸国が経済についても技術についても先進国であった、ということです。

おっと、事件を一つとばしてしまいました。時代をもどして、一八六九年に最初の大陸横断鉄道が開通しています。この時代、鉄道は米国の基盤的な事業となります。鉄道を敷《ふ》設《せつ》するためには、土木事業が一定の水準に達していなければなりません。その土木事業を上手に転がしていくためには、そのためには上意下達的な管理手法の整備が不可欠です。ということで、ここにまずシステム管理に練達《れんたつ》な退役軍人が起用されました。システム管理の手法は鉄道建設の過程だけではなく、その安全な運用にも不可欠でした。ここでは電信ネットワークが欠くことのできない道具となりました。すでに話しましたが、その電信でエジソンは発明家、事業家への切符を手にしたことになります。

当初、製造業は労働集約的でしたが、鉄道におけるシステム管理の手法はしだいに製造業の全域へと拡がっていきます。一つには、西部へ、ということで、当時の米国社会が慢性的な労働者不足になっていたからです。したがって、生産のシステム化、生産の機械化が避けられない時流になります。エジソンがシステムの自動化をめぐって米国式生産原理を掲げたのは、このような環境に応じるためでした。そう、米国の工場にはやがてフレデリック・テイラーによる科学的管理法も導入されるようになります。こちらは人間の労働をロボットのように扱う手法でした。チャーリー・チャップリンの『モダン・タイムズ』を思い出してください。

労働者不足とはいいましたが、当時は毎年、多くの移民がヨーロッパ諸国から押し寄せていました。この人たちの娯楽として、エジソンのレコードや映画はかっこうのものでした。だが、エジソン自身はこの点については認識が薄かったようです。だからかれはコンテンツを軽視し、大きいビジネス機会をみすみす失ってしまったことになります。

いま、一九世紀の米国は工業後進国であったと言いました。この時代、ヨーロッパ諸国は万国博覧会を開催して、その繁栄を競いました。それは一八五一年のロンドンに始まり、六七年のパリ、七三年のウィーン、七六年のフィラデルフィア、七八年のパリ、八二年のロンドン、八九年のパリ、九三年のシカゴ、一九〇〇年のパリ、と続きます。野心的な起業家はここに自分の事業成果を展示し、これによって市場の拡大を狙います。エジソンは八一年のパリから参加しています。

問題は、ここに出品すると、自分の成果をその国の事業者に盗まれてしまうのではないか、という不安を出品者が抱いたことです。本来、第三者による模倣を禁止するために特許という制度があります。ところが、特許法はそれぞれの国がもっている制度です。その権利は国外には及ばない。これでは困る、ということがあり、このような苦情を抑えるために、特許については国家間でも互いに保護しようという主旨の国際条約が作られました。これが一八八三年に「工業所有権に関するパリ条約」として採択されました。新しい世界秩序ができたことになります。

エジソンは、それでは科学者、あるいは技術者として、どんな位置にあったのでしょうか。一八八二年、パールストリートの発電所が稼働したその年に、じつはMITが電気工学科を設けました。最初の入学者は18人でした。そのMITは17年前に物理の課程を作っていましたが、この間の卒業者はわずか6人でした。ただし、この後に大学出の数は急増します。一八九九年の統計をみると、電気技術者は全米で370人という数字になっています。

だが、エジソンはこのような専門家としての教育を受けていませんでした。かれは第1

回の講義で紹介したように、マッカーの文化、マシン・ショップの文化にずっぽり浸かっていたことになります。いっぽう、かれのライバルには大学出がおり、たとえば電話の発明者ベルがそうでした。またかれの後続者は、たとえば交流理論の確立者スタインメッツがそうですが、ほとんど大学出ということになります。つまりエジソンは、技術が技術オタクの手から専門家の手へと渡される、その過渡期にいた、ということになります。

一八三三年、米国電気技術者協会が設立されます。その趣意書《しゆいしよ》をみますと、つぎのような人が加入することを当てにしています。まず、電気技術者、電気工、カレッジや学校の電気の教師、発明家、電気機器の製造者など、ついで、電信、電話、電気照明、防犯、電報配達、報時などの管理者、また電気的な発明を使うすべての企業の管理者など。こう並べてみると、当時の電気技術がどんな人々によって支えられていたのかが分かります。

エジソンはこのような人びとと同じ立場にいたことになります。そのエジソンをスタインメッツは「大学こそ出ていないが、大方の大学人よりも多くの専門的知識をもっている」と褒《ほ》めちぎっています。これはエジソンの資質による点も多いでしょうが、この時代の技術の形による点も少なくないでしょう。

なぜか。第1回の講義でも言いましたが、当時は、どんな技術分野でも、理論的な枠組みができあがっている、あるいは基礎データが揃っている、という状況ではありませんでした。だからエジソンの得意な総当たり法が、優位になったのです。

ただし、当時の専門雑誌『エレクトリック・ワールド』――米国電気技術者協会発行――はエジソンに冷ややかな態度をとっていたようです。多分、事業優先のエジソンの態度が、また、肝心のことを隠しているエジソンの記事が、編集者の反撥をかったのでしょう。

いっぽう、エジソンはついに学術分野の慣行を摑《つか》めなかったフシがあります。かれはじつは『サイエンス』の創刊にかかわったのですが、結局はそれを放り出してしまいます。その『サイエンス』は、『ネイチャー』と並んで、今日では世界有数の学術雑誌になりました。

というようなことがあって、エジソンはその後、科学者としてよりも事業家として、米国社会における評判をあげることになります。今日は、ここまでにしましょう。

第3回　エジソンと特許

1　キネトグラフ用カメラの特許

まず、つぎの文章を読んでください。もって回った言い方で読みにくいとは思いますが、それがこの文章の特徴です。


関係者のすべてに。

私、ニュージャージー州エセックス群オレンジ・ルウェインパーク在住の米国市民トマス・A・エジソンは、キネトスコープに関して一定の新しく有用な改善にかかわる発明をしたことを公表する。……

私の発明を実施するにあたっては一つの装置を用いる。その装置は、一つあるいは複数の運動する物体を含む情景について、その再現に適切な表現を、写真術によって効果あらしめるものである。その装置には単一カメラという方法とフィルムとフィルムの駆動方法とから構成される。まずその方法は、運動中の物体についての一連の位置のイメージを、固定かつ単一の視点からの観察として、しかも持続する視覚として、捉えることのできるように高速かつ断続的に投影するためのものである。つぎにそのフィルムは感光性をもち、かつテープ状のものである。またそのフィルム駆動装置は、引き続くイメージをべつべつにかつ単一の流れになるように動かすものである。テープ状フィルムの運動には、連続的かつ間欠的であるという条件があるが、ここでは後者が優先する。くわえて、フィルムの停止時間はその移動時間よりも長くとるべきであるという条件も優先する。……

この文章はエジソンの「キネトグラフ用カメラ」という特許明細書の冒頭部分です。発行は一八九七年、その番号は５８９１６８号です。これは一時、エジソンの映画分野における基本特許となりました。この特許の意味はあとで詳しく紹介するつもりです。なお、「キネトグラフ」とはエジソンが自分の映画用撮影機に付けた商品名です。「キネト」は「動き」という意味、「グラフ」は「書く」という意味をもっています。どちらもギリシャ語に由来しています。ついでに映写機のほうには「キネトスコープ」という名前をつけました。「スコープ」は「見つめる」という意味です。

エジソンはこの特許を駆使して、ライバルを追い込むことができました。今回の講義はこの特許に始まる映画技術の展開がテーマとなります。先へ進むまえにひと言。特許の文章は弁理士という専門家が書きます。専門家が示す表現というものは、シロウトには理解しがたいものがあります。たとえば、有機化合物の構造式や電子装置の回路図などがそうですね。特許の文章も、自然言語で書いてはありますが同様です。シロウトには歯がたたない。

ついでにエジソン自身の言葉も引用しておきましょう。「ドイツで私は、文章にコンマを一つ入れただけで炭素電話機の特許を失った。コンマ一つで解釈がまったく違ってくるからだ」。特許のベテランにして、なおこの言あり、ということになります。なお、上の文章は私が自己流に訳したものです。したがって弁理士の文章作法にはのっとっていません。

2　アイデアの排他性

エジソンと映画の話に入るまえに、回りくどくなりますが、もう一つ、引用をしておきましょう。

自然はさまざまのものを創造したが、そのなかでもっとも小さい排他性をもつ権利を探すとすれば、それはアイデアという精神活動である。…それはいったん公表されてしまうと、その瞬間に万人が所有するものになってしまう。…だれでも私自身のアイデアを損ずることなく、私からアイデアを受け取ることができる。ちょうど私のローソクから自分のローソクに火を灯《とも》した人が、私の手元を暗くすることなく明りを受け取れるように。

これはトマス・ジェファソンが知人への手紙で示した文章です。ここで話を発明に移しますと、発明とは技術的なアイデアであるといえます。したがって、発明も「いったん公表されてしまうと、その瞬間に万人が所有するものになってしまう」ことになります。手間隙《ひま》かけてせっかく新しい発明をしても、それをすぐに他人に真似されてしまう。つまり自分の努力にタダ乗りされることになる。これでは発明家は間尺《ましやく》にあいません。こんな社会であれば発明家は報いられることなく、技術を発展させようという活気は失われてしまいます。

もし、発明のアイデアをその発明家に独占させることができれば、これによって他人がそれを真似することを禁止することができれば、発明家は報いられることになります。そのアイデアを自分だけが使ったり、他人に使わせてその対価をとったり、こんなことができるはずです。このようになにかを独り占めにする権利を「排他的な権利」と言い、そのなにかが発明、つまり技術的なアイデアである場合に、それを「特許権」と呼びます。この特許権をどんな手続によってとることができるのか、また特許権でどんなアイデアを独占できるのか、これらを定めた法律が特許法です。

いまジェファソンと言いましたが、そのジェファソンとは第三代の米国大統領になった人です。また初代大統領ジョージ・ワシントンのもとで国務長官と特許審査官とを兼務していました。かれ自身もアマチュア発明家でした。余計な話ですが、特許審査官になった著名人としては他にアルベルト・アインシュタインがいます。

米国の特許法は一七九〇年にできましたが、これがきちんとした制度になったのは一八三六年でした。このときに特許をとるためには当の発明を特許庁に出願し、その審査を受けなければならないと定めました。同時に「特許は、新規性、独創性、有用性をもつこと」という条件を設けました。ここにいう独創性とは、非自明性ともいい、同じ分野の専門家であっても簡単には思いつくことができないほど高度なもの、と定義されています。新規性と有用性については、説明しなくても見当がつきますね。

つぎに特許の取り方を説明しましょう。発明家は特許出願書を特許庁に提出し、その可否について審査を受けなければなりません。特許庁は特許を客観的、公平に審査するための基準をもっていますが、出願された特許がその基準を充たせば、特許を与えられることになっています。ここで問題になるのが、特許明細書に記入される「請求範囲」です。第1回の講義でも説明したことですが、これは発明家が自分の発明について、この部分に新規性、独創性、有用性があり、したがってここに排他的な権利を与えてほしいと主張する、その発明の範囲を指します。

特許は、いったんそれが認められると、エジソンの時代には17年間有効ということになっていました。念のために言いますと、今日ではそれは20年間に延張されています。なぜ、特許の有効期間に限界があるのかといえば、発明家個人に対する配慮と社会全体に対する配慮とを両立させる必要があるからです。発明家自身に対する配慮とは、かれの努力に報いるためです。これについては、いま言いました。

だが、だからといって、その排他的な権利を無制限に発明家に与えてしまうと、せっかくの発明が当の発明家によって永久に死蔵されてしまうリスクがあります。死蔵されないまでもその普及が遅れてしまうリスクがあります。どんな発明であっても、そのアイデアは社会の共有財産として、なるべく大勢の人に利用されたほうが、その社会の活性化につながるでしょう。これが社会に対する配慮です。

ということで社会政策としては、この二つの配慮に対するトレードオフをとらなければなりません。ここに特許の保護期間を有限とする根拠があります。ここでも第2回の講義で示したトレードオフという概念がでてきました。

ところでエジソン。エジソンは生涯に１０９３件の米国特許を取りました。最初の特許は一八六九年、22歳のときに、また最後の特許は一九三三年、死後二年目に取っています。最初の特許は９０６４６号、また最後の特許は１９０８８３０号でした。この番号の増え方をみると、エジソン以前よりもエジソンの時代に特許の獲得競争が一段と激しくなったことが分かります。かれの時代に、米国は欧州の先進諸国を追いかけ、工業国へと舵を切ったのでした。

3　残像の見せ方

さて、冒頭の裁判に話を移したいのですが、もう少し待ってください。そのまえに映画それ自体について基本的なことを話しておきましょう。

こんなクイズがあります。コインの両面を同時に見るためにはどうしたらよいのか。この質問をした人は、困惑する回答者をまえにして、机のうえでコインをコマのように回転して見せました。回転するコインには表と裏の刻印が重なって見えました。このときの質問者は天文学者のジョン・ハーシェル、困惑した回答者はコンピュータの原型を作ったチャールズ・バベジでした。このように間欠的かつ瞬間的に変わるイメージがあると、それを私たちは連続して流れる画像として見てしまいます。この錯覚を残像現象ということはみなさんご存じですね。

一九世紀になると、この残像に多くの人が関心をもつようになります。いま言ったハーシェルもバベジもこの世紀の人です。もちろん物理学者以外でもこの現象に興味を示す人びとが現れました。そのような人びとが映画を開発することになります。

映画というものは、この残像現象をシステム的に作りだす仕掛けです。少しずつ違うイメージを一列に並べ、この一連のイメージを早送りして見る、というものです。ここで大切なことはイメージを1コマごとに静止しなければならないという条件でした。これを「拘束された運動」と呼びます。

以下、この映画という仕掛けを残像の見せ方というアーキテクチャーとして整理しましょう。まずイメージをつぎつぎと早送りするためのメカニズムを作らなければなりません。このためには、外部のイメージを高速、間欠的かつ単一の流れとしてフィルム上に取り込まなければなりません。あるいはフィルム上のイメージを高速、単一の流れとしてスクリーンに投影しなければなりません。このためには、まずレンズかフィルムかのどちらかを高速に動かす必要があります。

だが同時に「拘束された運動」を実現するために、撮影でも映写でも、これをおこなう瞬間はフィルムを静止させておかなければならなりません。このためにはフィルムとレンズとの相対運動を「静→動→静→動→…」と間欠的にしなければなりません。「静」のあいだに撮影あるいは映写、「動」のあいだにレンズあるいはフィルムをつぎのコマに移動、ということになります。これを動いたままにしておくと、回したコインを見るときのようにイメージは流れてしまいます。したがって、この拘束された運動を実現するためのメカニズムも工夫しなければなりません。

時代がややあとになりますが、エジソンとライバルとは、エジソンのキネトスコープ用カメラの特許の法的な有効性について法廷で争います。この裁判については後ほど詳しく話しますが、その判決は、映画の開発にはたくさんの技術者が寄与しており、そのような技術者として、ルイ・アルチュール・デュコス＝デュ＝オーロン、ルイ・エーメ・オーギュスタン・ル＝プランス、エティエンヌ＝ジュール・マレイという名前を示し、その最終的な完成者がエジソンであった、と判定しています。それぞれの技術者はどんな形のアーキテクチャーを提案していたのか。判決の紹介に先立ってこれを比較してみましょう。

まず、レンズを動かすのかフィルムを動かすのか。レンズを動かしたのはデュコス＝デュ＝オーロンとル＝プランス、フィルムを動かしたのはマレイとエジソンです。レンズを動かしたのは、じつはロール・フィルムがないためでした。ロール・フィルムが発明されるまえは紙に感光剤を塗ったプレートしかありませんでした。紙であれば引張強度が小さいのでそれを高速で動かすことはできなかったわけです。

レンズを動かす場合であっても、レンズという仕掛けをそう高速に動かすことはできませんので、レンズの数を複数にして、そのシャッターを順番に開閉させ、その移動速度を見かけの上で速くするという方法をとりました。デュコス＝デュ＝オーロンの装置もル＝プランスの装置も複数のレンズをもっていました。彼らの方法では複数のレンズを使って単一のプレート上に縦横に並んだイメージを作ります。ということなので、撮影済みのプレートを上映用として直《ただ》ちに使うことはできず、これを切り貼りして一列につなげなければなりませんでした。

この点、マレイとエジソンとのカメラは一つのレンズをもつのみでした。とはいうものの、マレイの場合にはロール・フィルムがまだ開発されていませんでしたので、円形のプレートを単一のレンズのまえで回転させました。

このように見てくると、エジソンの特徴は単一のレンズによる「単一の視点」、くわえてロール・フィルムによる「単一の流れ」ということになります。また、撮影のあとで直ちにネガ（陰画）ができるという特徴もありました。

4　ビジネス・モデルの争い

映画の発展について、もう少し説明を続けます。当時、映画としては二つのモデルがありました。覗《のぞ》きカラクリ型とスクリーン上映型になります。後者はご存じですね。いまでも劇場で使われています。したがって以下、前者について説明します。

その覗きカラクリ型のモデルですが、これは前もって撮影したロール・フィルムを再生専用の装置に格納し、これを覗いて見るという方式です。この装置の平面図を図**3－1a**として、その側面図を図**3－1b**として紹介しておきます。平面図の下方にフィルムが横に走るようになっています。その中央に孔《あな》がありますが、ここが覗く窓になります。装置のなかに破線で書いた大きい円板がありますが、この周辺にはたくさんの小さい孔が空けられています。フィルムと円板とは連動して動くようになっています。ここでは円板はシャッターになります。

覗きカラクリ型とスクリーン映写型とは、どちらもロール・フィルムを利用したものです。これはこの時期にジョージ・イーストマンがセルロイド製のロール・フィルムを開発したことがきっかけになって実現しました。当初、フィルムの規格はユーザーの思い思い

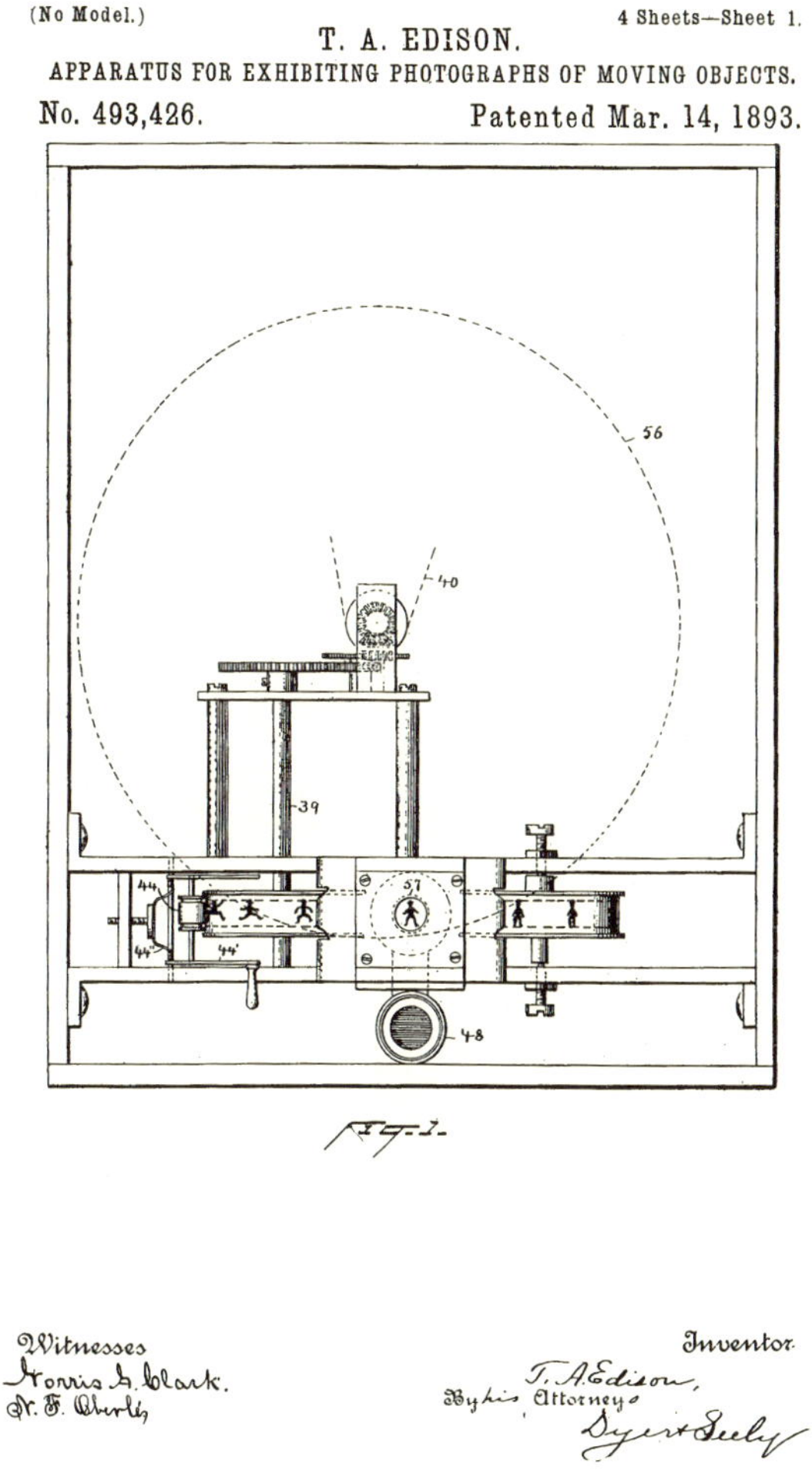

図3 - 1a　キネトスコープの特許図面（平面図）

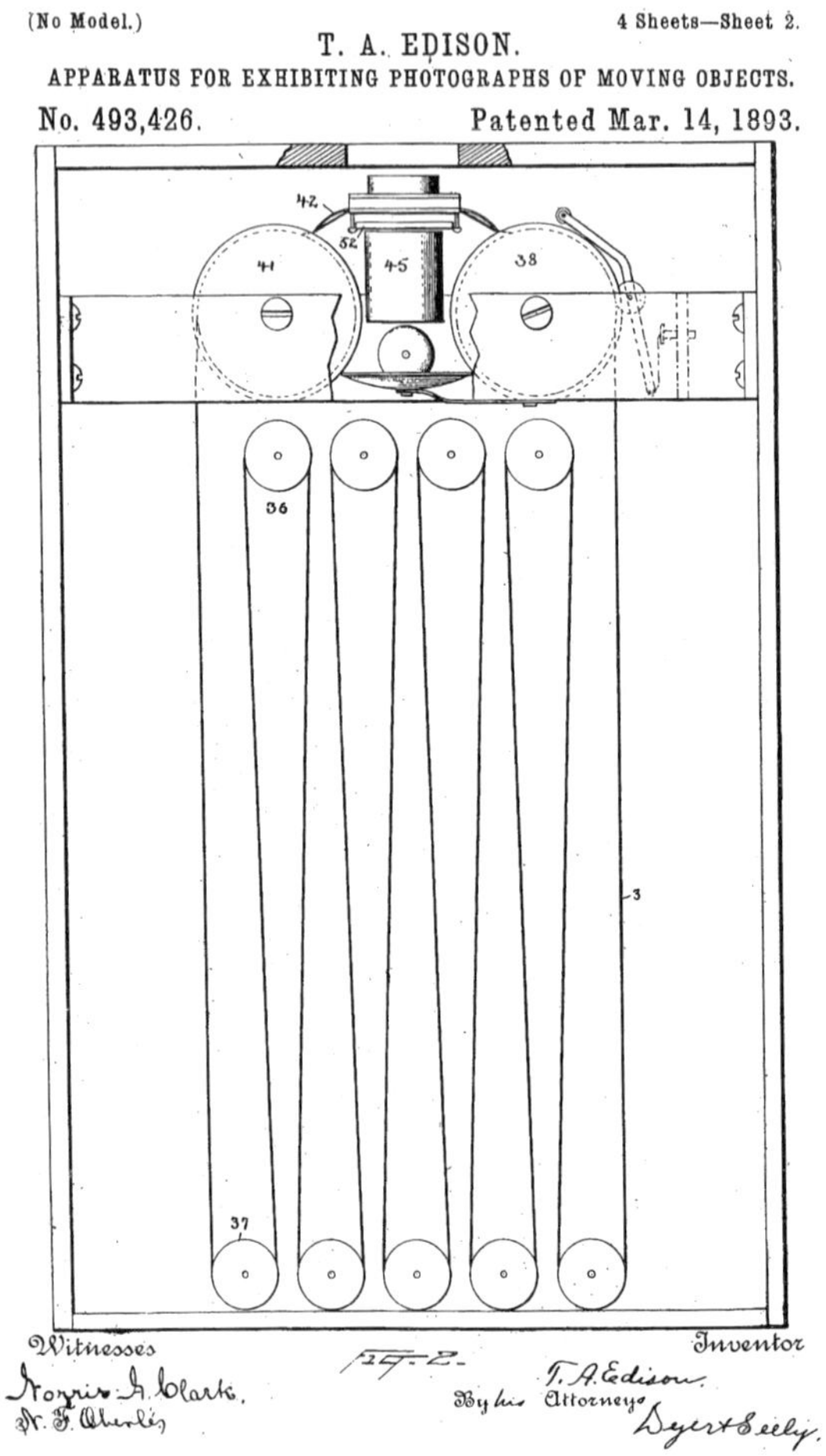

図3 - 1b　キネトスコープの特許図面（側面図）

でしたが、多くの開発者による試行錯誤のなかで、最終的にフィルム幅は1インチ8分の3（つまり35ミリメートル）、画面は1インチ×4分の3インチ、送り孔は1コマあたり4個、送り速度は毎秒24コマと決まりました。この標準化についてはエジソンが積極的な役割を果たしました。この規格がのちに業界標準になります。

方式の問題のなかで大きく議論の分かれたのは再生装置についてでした。これが覗きカラクリ的なキネトスコープ型であれば、フィルムの鑑賞は一回に一人かぎりです。したがって、フィルムの陳腐化《ちんぷ》はゆっくりです。くわえて多数の再生機を市場に出荷できることになります。いっぽうスクリーン映写型であれば、一回の映写を数十人、あるいは数百人が同時に鑑賞できます。したがって、フィルムは直ちに古びてしまい、その補給がたいへんです。くわえて映写装置も、そうたくさんは市場に捌《さば》けません。エジソンは米国全体で10台がせいぜいだと見積もったようです。だが、二〇世紀に入ると映写機の数は1万台をこえるようになります。二〇世紀の半ばにコンピュータが出現したときにも、コンピュータは全世界で一ダースもあればよいのではないか、という意見が出されたことがあります。新しい技術についてはその見通しが難しいということですね。話をもどせば、初期の映画市場には二つのビジネス・モデルが存在していたことになります。

エジソンは覗きカラクリ型に執着していましたが、これにあきたらずにスクリーン上映型に進出した起業家がいました。まず、ヴァイタグラフ社があります。この企業は、エジソンのキネトスコープを手に入れ、これを撮影機に改造し、これでスクリーン上映型のビジネスを開始しました。

つぎにアメリカン・ミュートスコープ社の作ったバイオグラフがあります。この企業の中心人物となったウィリアム・ディクソンはエジソンの映画分野における主要なスタッフでしたが、エジソンに反旗を翻してスピンオフし、スクリーン上映型のバイオグラフを完成させました。この会社がのちに紹介する訴訟でエジソンに訴えられる相手となります。

エジソンは覗きカラクリ型に執着しました。だが、スクリーン上映型の評判に対抗できずにこの分野に参入します。しかしその技術をもたないために、不承不承《ふしようぶしよう》、トマス・アーマットと手を組みます。この人はあとで再登場します。

スクリーン上映型のサービスが広まったのは二〇世紀に入ってからでした。映写機をもった興行師が現れて映画館を作りました。この種の映画館を「ニッケルオデオン」と呼びました。ニッケルとは5セントのコインのことです。当時、欧州からは多くの移民が流れ込んでいました。文字も読めず、英語も話せない移民にとっては、無声映画で十分、たいへんな娯楽でした。ニッケルオデオンは流行りました。同時に、しだいにそのコンテンツが猥雑《わいざつ》なものへと流れることになります。つまり、映画は伝統的な道徳をヨシとする人びとにとって唾棄《だき》すべきものとなります。

じつはエジソンは、まず円筒型のモデルも開発しています。これを図3－2として示しますが、見ての通りフォノグラフを拡張したモデルです。エジソンはここで音を記録、再生する代わりに画像を記録、再生しようと考えたのです。そのために円筒の周囲に写真の感光剤を塗り、ここに螺旋《らせん》状に一連の画像を記録しようとしたわけです。円筒の直径は3インチ、ここに幅が32分の1インチの写真を4万2０００コマ、記録しようと試みました。問題は、写真が曲面に写されるので、その上下がボケてしまうことにありました。エジソンの優れた点は、さらにこれをフォノグラフと連動させたことです。つまり、後のトーキーの実現をここで目論《もくろ》んだのでした。ただし、同じ回転軸を使いながらも、映画のほうは断続的に動かさなければならないのに、音のほうは連続的に回さなければならない、という課題が残りました。この型は、結局、ものにはなりませんでした。

このような事情で、エジソンは映画の開発において「円筒型↓ロール・フィルム型↓映写型」と迷いました。それだけ、ムダな投資、ムダな時間を使ってしまったことになります。

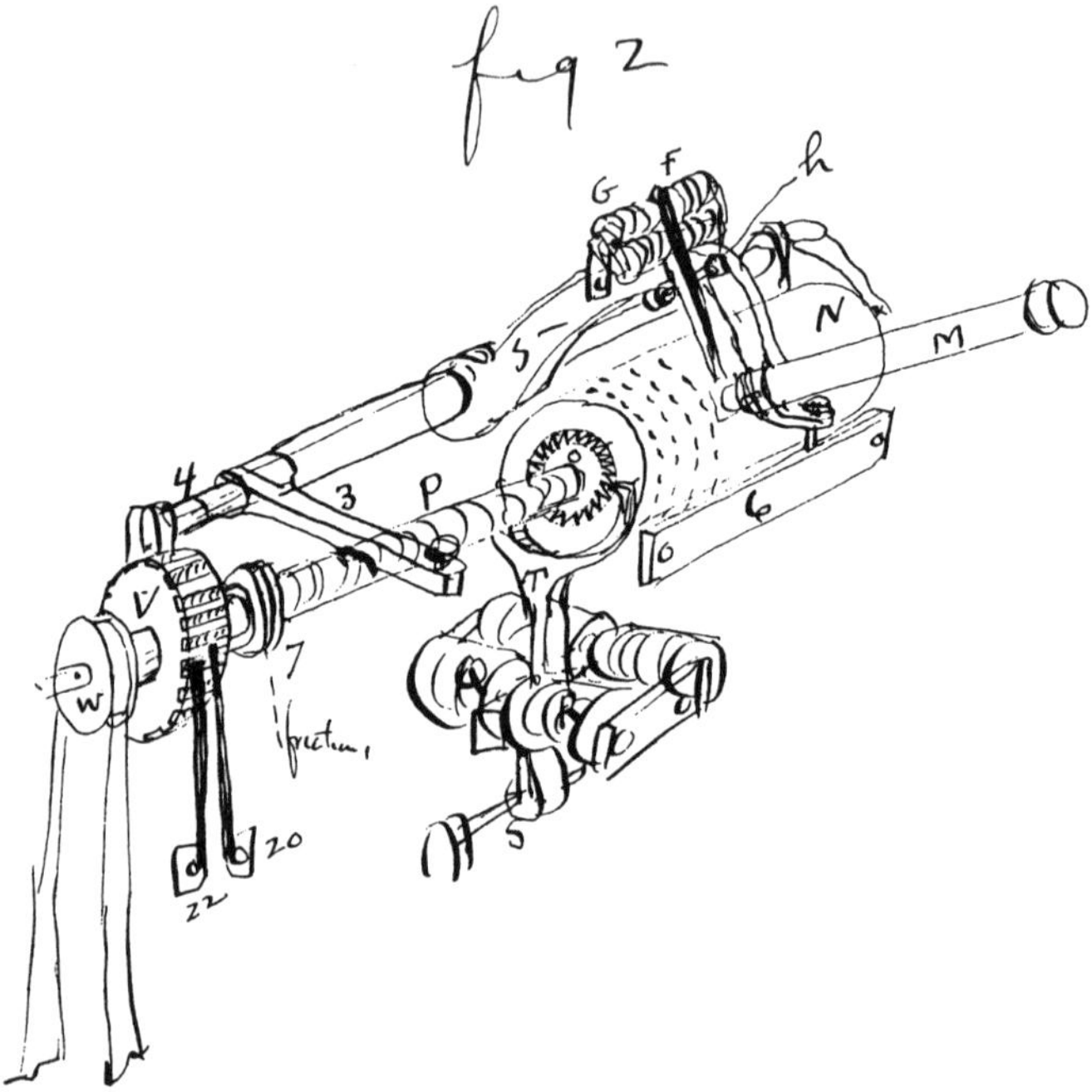

図3－2　円筒型キネトスコープ

5　特許の取り合い

エジソンは「特許庁への道を踏み固めた」といわれたほど特許に執着した人でした。かれは特許をビジネスの中心におき、これによってライバルとの競争で優位を占めるという戦術に長《た》けていました。電力システムにおいても蓄音機においても、エジソンは容赦のない態度でこの方法を実行していました。かれは自分のもつあれこれの特許を侵害されたと言い立てて、そのライバルを頻繁に法廷に訴えたのです。ライバルは怯《おび》えてエジソンから遠ざかるでしょう。これがエジソンの狙い目でした。

同時に、エジソンは特許庁や裁判所を巻き込んで、ライバルと特許の囲い込みを競いました。かれは自分の特許について、それを出したり引っ込めたり、書き直したり再提出したりしました。ライバルは特許を軽業師のように操るエジソンに振り回されました。

ここで一九世紀末から二〇世紀初頭にかけて、映画に関する特許がどうなっていたのか、これを概観しておきましょう。まず、エジソンの特許がありました。かれは一八九三年に「運動しつつある物体の写真を上映する装置」の特許（US493426号）を取りました。これはキネトスコープに対するものでしたが、この特許は映写機についての先行事例として後続の事業者の行動を大きく縛ることになります。この特許に添付された図面はすでに**図3-1**としてご覧にいれました。かれはこの特許と同時に「送り装置」の特許もとっています。これが後にものを言います。

エジソンはついで一八九七年に「キネトグラフ用カメラ」（US589168号）の特許を取ります。この特許が冒頭に引用したものです。改めて見てもらうと、ここに「単一のカメラ」「間欠的な投影」「固定的かつ単一の視点」「テープ状のフィルム」「単一の流れ」といった映画の基本的な技術要素が列挙されていることに気づくことでしょう。この特許図面の一部を図**3-3**として引用します。図の上部にシャッターを、図の中央に拘束された運動を作り出す歯車を、図の下部にテープ状のフィルムを、それぞれ示しています。これをみれば、この特許の重要性を理解することができるでしょう。

エジソンの主たるライバルはアメリカン・ミュートスコープ社でした。この会社は、その中心にいたディクソンがエジソンのやり方やノウハウを熟知していましたので、エジソンの特許に触れないように、フィルムの幅を二倍にしました。同時にこちらも独自の特許を出願します。だが、エジソンは追求の手をゆるめません。当然のこと、双方の特許は衝突し、これが裁判に発展します。

最初の裁判はニューヨーク南部地方裁判所で行われました。このときにはエジソンは勝ちました。だが相手は控訴します。そこで法廷の判断は逆転します。その判決のさわりをつぎに引用しましょう。

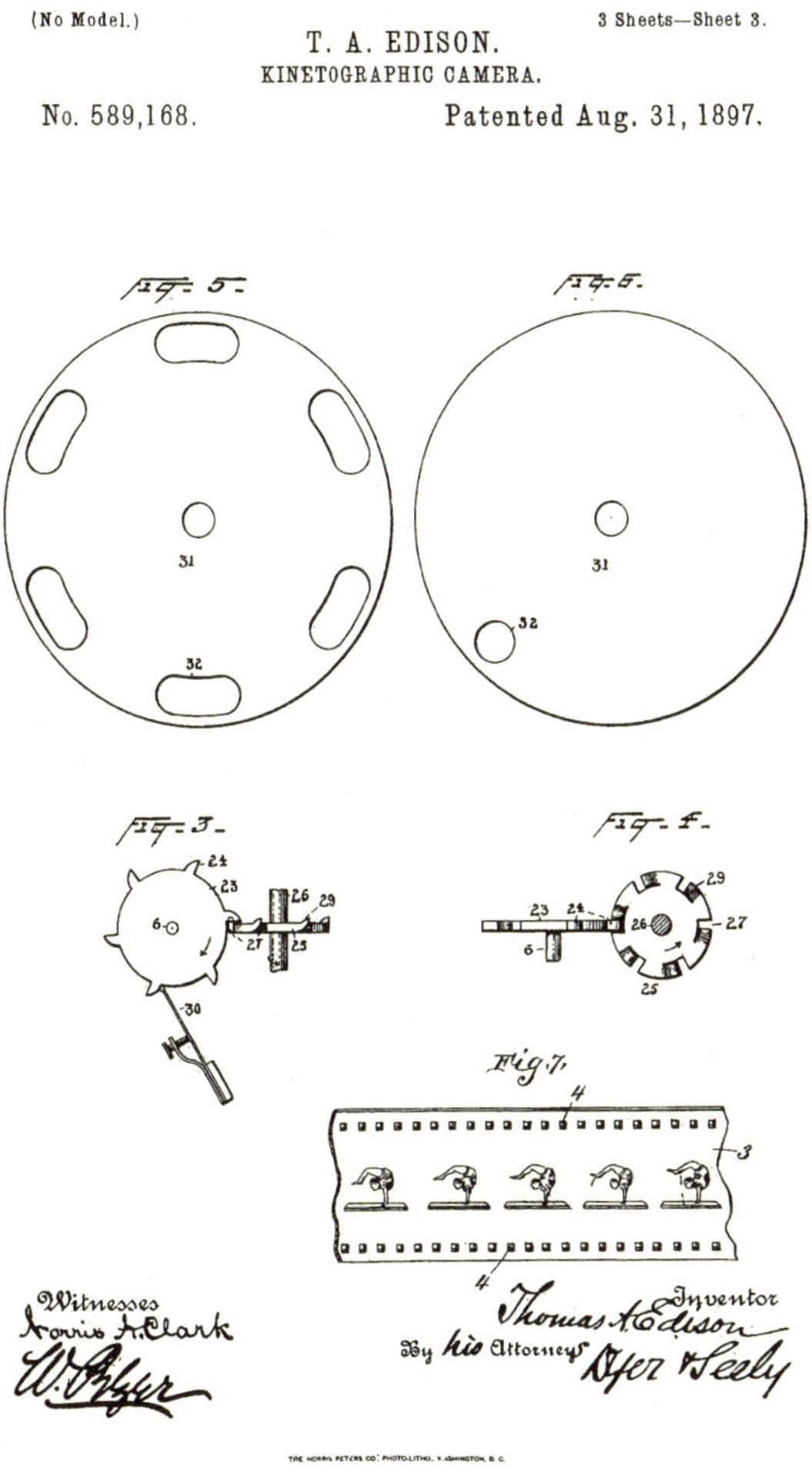

図3－3　キネトグラフ・カメラの特許図面
（上）シャッター　（中）フィルム送り用の歯車
（下）フィルム

この判決は特許589168号の有効性について下級審が下した判決に対するものである。この特許は一八九七年八月三一日にトマス・A・エジソンのキネトグラフ用カメラに与えられたものであり、下級審はこの特許は有効であると支持し、被告がこの特許を侵害したと示していた。……

エジソン氏が「創作者」でなかったことは明白である。それは言葉の広い意味でも、かれがフィルムの発明者であったとしたらという狭い意味でも同様である。かれはフィルムの発明者ではなかった。かれは適切なネガ・フィルムを作ることができる装置の最初の発明者でもなかった。かれはそのネガを、フィルム上に単一の視点から単一の流れとして作り出す装置の最初の発明者でもなかった。かれは、レンズのまえに感光性のフィルムをもってくるために、しかも、急速な経過のなかでフィルムの一連の部分を露光するために、回転ドラムとシャッターという一般的な方法を組み込んだ装置の最初の発明者でもなかった。……

エジソンの先行者がその装置を発明したのは、感光剤のベースが、プレートから変形自由のフィルムへと、あるいは紙のフィルムからセルロイドのフィルムへと変化した時期であった。このような移行によって、ネガが生産され、それが上映用機械による再生に適するものとなった。この目的の実現のために、いかなる新しい原理が発見されたわけでもない。本質的に新しい型の機械が発明されたわけでも、写真用具の改良があったわけでもない。……エジソン氏が、フィルムの実用化によって、またフィルムを使う最初の装置を完成させ、これによって商業的な成功に必須のすべての条件を充たしたことについては疑いはない。だが、だからといって特許法は、エジソンにフィルムを使用するすべてのカメラ装置に関する独占権を与えるものではない。またエジソンに、単一のカメラを使うすべての方法に関する独占権を与えるものでもない。

……

下級審は争点になっているクレームについて、その有効性を支持するという誤りを冒した、とわれわれは判断する。したがってわれわれは、下級審はこの特許を否認すべきであるという指示を付けたうえで、下級審へその判決を差し戻すものである。

この文書は、米国の連邦控訴裁判所が一九〇二年に示した判決です。全体では28ページにわたる長さになりますので、そのごく一部を紹介したことになります。

エジソンの方法は、繰り返して紹介したように、その発明を一つのシステムにまとめあげることでした。このためには当の発明をこれに関するたくさんの特許で囲い込まなければばなりません。かれは、電気照明および電力については三八九件、蓄音機については一九五件の特許を持っており、この容赦《ようしゃ》ない方法を押し通すことができました。だが、こと映画の場合についてはこの戦術をとることに失敗しました。映画についての特許でこの裁判の時点で生きていたのはわずか四件にとどまりました。にもかかわらず、エジソンは自分の戦術を通そうとしました。そして手痛い失敗をしたことになります。

この裁判によって、エジソンは多くのものを失いましたが、それでもただ一件ではありますが、基本特許を自分の手のなかに残すことができました。それは「テープ状のフィルム」に関するものでした。これはただちに「映画機械に対する写真フィルム」（US779647号）という新しい特許に組み換えられます。これがエジソンのしぶとさを支えることになります。

このような事情があり、エジソンが映画に関するすべての特許を独占できたわけではありません。エジソン以外の人が取った特許としては、さきにちょっと名前を出したアーマットのものと、それにウッドヴィル・レイサムのものとがありました。アーマットの特許（US673992号）は拘束された運動を実現するための歯車に関するもので、その特許は一九〇一年に最高裁から基本特許の一つとして認められています。図3‐4としてアーマットの特許図面を引用しておきます。

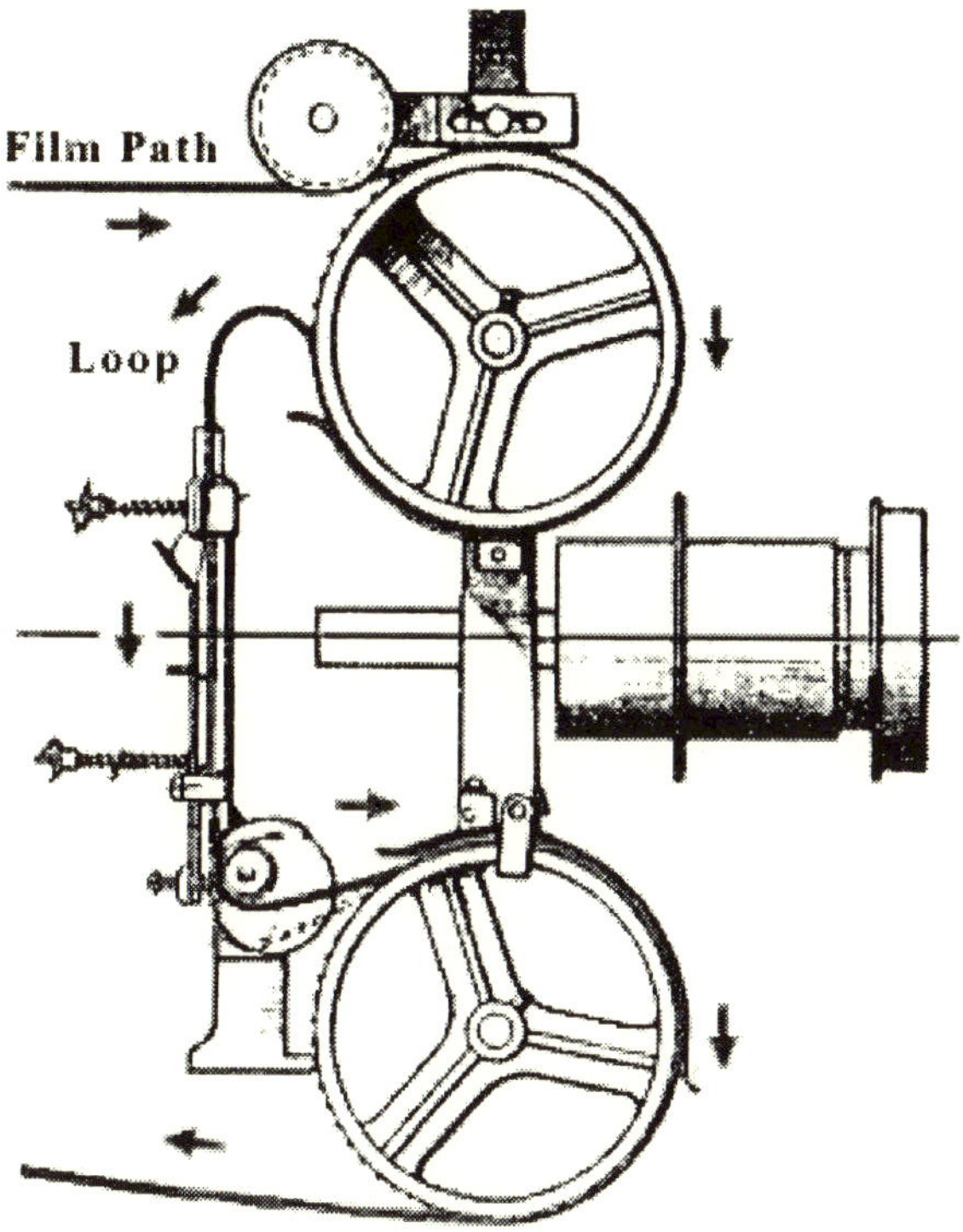

図3－4　アーマットの特許図面
（注）レイサムのゆるみにも注意

レイサムの特許（US707934号）はレンズのまえでフィルムに弛《ゆる》みをもたせ、これによって巻き取りリールからの張力を緩《ゆる》めるものです。これが「レイサムのループ」として知られている特許です。**図3‐4**のアーマットの特許図面にもレイサムのループがあることに注意してください。

アーマットはすでに述べたように、一時期、エジソンと手を組みましたが、自分の特許をエジソンに与えることはありませんでした。また、レイサムはアメリカン・ミュートスコープ社と協力関係にありました。くわえて、アーマットとレイサムとは特許の優先権争いもしています。このあと、アーマットの特許もレイサムの特許も、二〇世紀の初頭には、転々としていましたが、最終的にバイオグラフ社が入手しました。この会社の前身はアメリカン・ミュートスコープ社でした。

もう一人、忘れてはならない利害関係者がいました。それはロール・フィルムの発明家ジョージ・イーストマンです。かれはロール・フィルムの基本特許をもち、コダック社という企業を設立して、フィルム市場の独占を狙っていました。

ところで発明の中心にあって、その発明を実現するためにどうしても必要な特許を必須特許といいます。映画の場合についていえば、二〇世紀初頭における映画分野の必須特許は14件とも16件とも、いやたった4件だったよともいわれています。これをだれがどのようにしてコントロールできるのか。二〇世紀初頭の米国映画界では、これが問題になりました。

6　特許のプール

エジソンは映画市場への参入には出遅れました。ただし、かれがはっきりと認識していたことがあります。それは映画産業というものが、撮影、フィルム、映写という三つの要素で組み立てられている、という事実です。つまり映画産業もシステムとして理解しなければならない。ということになれば、ここはエジソンの得意な分野になります。

エジソンが狙ったことは、この撮影、フィルム、映写の三要素を一つのシステムにまとめあげることでした。このためには、必須特許の所有者が結託《けったく》すればよい、これがエジソンの結論でした。業界内での消耗《しょうもう》戦は停止し、むしろ業界ぐるみの談合をしよう、こう判断したことになります。

おりもよし、エジソンの特許のもつもう一つの特許「送り装置」(US491993号)が映画業界を震撼《しんかん》させることになります。一九〇七年に、法廷はこの特許の有効性を確認します。この特許はスプロケットによってフィルムを送る仕掛けを請求範囲にしていました。スプロケットとは歯車であり、その歯によってフィルムを送る機能をもっています。

ほとんどの映画会社のフィルムはスプロケット方式になっていましたから、ここでエジソンは圧倒的な影響力をもつことになりました。スプロケットを使わない会社はバイオグラフ社だけでした。この会社の方式はローラーの摩擦でフィルムを送るものでした（このときに焦点になった特許は「送り装置」ではなく「映画機械に対する写真フィルム」だったという説もあります。だが、後者にはスプロケットの記述はありません）。

エジソンはこの特許をちらつかせ、業界ににらみをきかしたあとで、談合に入ります。まず、映画用装置の製造業者に呼びかけ、各自の特許を持ち寄って共同で管理しようと提案します。エジソンのもとに参じた事業者は七社、その持ち寄った特許は14件でした。多少の紆余曲折《うよきょくせつ》はありましたが、最終的には宿敵のバイオグラフ社も仲間になりました。一九〇八年、この新組織はモーション・ピクチャー・パテント・カンパニー、つまり映画特許会社という会社になりました。

その特許の及ぶ範囲には当然撮影機や映写機は入ります。だが、その市場は映画の製造業者と映画館です。どちらもそう大きい市場ではありません。とすれば製品の数にはかぎりがあります。ビジネスの旨味《うまみ》は小さい。

ということで、映画特許会社は映画フィルムに課金しようと企てました。映画フィルムは毎週、消費されます。ここを見込んで映画フィルムのユーザー、つまり映画の製作者に

1フットあたり0・5セントと課金しました。同時に、このルールに賛同しない映画製作者にはフィルムを供給しないと申し合わせました。このためにフィルム・メーカーのコダック社を仲間に引き込みました。そのコダック社はフィルムを販売するときに、いま言った課金の額を徴収しました。

この時代、映画は配給業者を経由して興行主へと流れていました。映画特許会社は、その配給業者から年額5000ドル、興行主から毎週2ドルをライセンス料として取り立てました。

配給業者から興行主への流れの途中にはレンタル業者が介在し、かれらは正規のルートに抜け道を作り、貸出などもしていました。映画特許会社はこの貸出を禁止しました。くわえて一定期間を過ぎたフィルムを回収しました。こうなると市場には中古のフィルムは出ません。つまり値崩れを防ぐことができます。さらにこの組織への入会金を高めに設定し、その入会の待ち時間を一年間などと引き延ばします。このようなルールを押し通すことによって、零細なレンタル業者や興行主は市場から追い出されてしまいました。

映画特許会社のしたことは、あるいはエジソンのしたことは、特許を中心におき、その影響力を、特許を使った撮影機と映写機、くわえてその撮影機と映写機を使った映画フィルムに、さらにその映画フィルムを使った事業、たとえばレンタルや上映にまで及ぼすものとなりました。つまり、特許で映画事業全体を支配しよう、この狙いがありました。

これは本来の特許制度からみれば行き過ぎです。特許がその特許を使う撮影機などに及ぶのはよいとしても、その撮影機で作った映画に及ぶというのは、ワープロの特許権がそのワープロで書いた小説にまで及ぶようなものです。余談になりますが、現在、生命工学の分野では、リーチスルー権といって、特許にもこのような権利も認めようかといった議論がなされています。

話が前後しますが、のちにマルコーニ社やＩＢＭ社も似たビジネス・モデルを駆使しました。マルコーニ社は無線機を、またＩＢＭ社はコンピュータを、それぞれ売り切るところとはせずに、レンタルにしました。くわえて前者は、自社で教育した無線士を使うことを、また後者は自社製のパンチカードを使うことを、ユーザーに強要しました。

映画特許会社は、理論的には映画装置の特許によって、実質的にはフィルムの流通路の独占によって、映画業界を牛耳ろうとしました。だが、コダック社は反エジソン派の市場の大きいことを見逃しませんでした。当時の映写機統計をみると、全米で約1万２０００台、うち映画特許会社への登録分は５８２０台にすぎませんでした。コダック社は映画特許会社から抜けてしまいます。

当然ながら映画特許会社の眼を逃れて、その特許をもつ装置を使わないで映画を製作する事業者、あるいはコダック社のフィルムを密《ひそ》かに入手して映画を製作する事業者もありました。映画特許会社は、あるいは裁判に訴えて、あるいは暴力団で脅して、このような事業者を根こそぎにしようと試みました。

だが、反エジソン派は南カリフォルニアに拠点を移し、ここで映画製作を続けます。追求の手が近づけば、米国の主権の及ばないメキシコに逃亡することができたためです。この反エジソン派の集団が、やがてハリウッドを形作ることになります。その中心にユニヴァーサル映画製造会社がありました。

このような遣《や》り口《くち》をみて、世間の人びとは映画特許会社を「ザ・トラスト」と呼びました。トラストとは市場における独占力を高めるために、同じ業種の企業が合併して作った企業を指します。似た言葉に「カルテル」があります。こちらは目的は同じですが、合併はせずに、複数の主導的な企業が価格や生産量や販路について協定するために作った業界団体、つまり談合の組織を指します。この意味では、映画特許会社はトラストというよりはカルテルといったほうがふさわしいものでした。

話題を移します。一八九〇年に米国では「不法な制限および独占から取引ならびに通商を保護する法律」を制定しました。通称「シャーマン法」といわれるもので、ここに米国の反トラスト政策の原点があります。この法律が作られたのは、この時代に石油トラスト、砂糖トラスト、鉄道トラストなどが出現したからです。この法律の第1条はつぎのように示しています。

州間または外国との取引または交易を制限するすべての契約、トラストその他の形態による結合または共謀は、これを違法とする。……

この規定があまりにも一般的であるために、この法律はそれほど使われることもなく、冬眠の状態にありました。ここにエジソンのザ・トラストが出現したことになります。じつは、まだ露顕《ろけん》こそしていませんでしたが、エジソン電気照明会社の後身となったジェネラル・エレクトリック社も、この時期に、正確には一九〇一年に、全米電球協会と密約を結び、電球カルテルを作っていました。

7　反トラスト法対特許法

事態はジクザグの道をとって動きはじめます。詳しい経緯は省略しますが、ここで政府が動きます。司法省がザ・トラストをシャーマン法違反として訴えます。その判決は一九一五年に連邦地裁が示しました。その要点をつぎに紹介しましょう。

われわれは、互いに重なっている権利と違法な行為とを切り分けなければならない。取引のなかで特許製品を支配し独占するために排他的な販売をおこなうことは、特許権の保有者の権利である。しかし、特許を独占することによって取引に不当な制限を加えることは、それがいかなるものであっても違法となる。まず、法律が認めるかぎり、その権利を取得することを違法とみてはならない。他方、法律が禁止している行為にかかわるものであれば、その実行に必要なライセンスと結びつく特許権を認めることがあってはならない。……

もし、かれが特許製品をもち、これが競争のなかでかれを助けるのであれば、かれはそれを他の型の財産と同様に使うことができる。ただし、それは適切な利用の場合にのみかぎられる。もし、それをライバルを貶《おとし》める武器として使うのであれば、あるいは、ライバルを市場から追い出すために使うのであれば、かれはそのような行為を正当化することはできない。このときにかれの特許はかれの排他的な権利の保護範囲を逸脱してしまうからである。……

われわれは、議会の立法の経緯にもとづき、つぎのような公式見解を示そう。中立《もうした》てに列挙されている契約、また、そこに記述されている共同行為は、州間または国際的な取引または交易を制限する結託であり、違法であり、かつ、違法であった。被告は全体として、また個々に、かれら自身、そして相互に、独占を計画し、独占を実行した。また、共謀し、結託した。…それはフィルム、撮影機、映写機、また映画事業の付属品にわたる取引に関するものであり、被告の申し立てたものであった。

……映画フィルムに関するエジソンの特許はネガ・フィルムにのみ限られる。それはポジ・フィルムには及ばない。ポジ・フィルムは商業的に扱われるべきである。

ということで、映画特許会社はシャーマン法違反をしていると決めつけられました。それだけではありません。特許法にも見放されました。それは一九一七年、連邦最高裁によって示されました。この裁判は、映画特許会社がユニヴァーサル映画製造会社を訴えたものでした。その要点はつぎのようなものでした。

特許法は、特許の所有者に排他的な権利を与えるものであるが、その権利にここまでしかそれを認めないという限界を設けている。特許権はその発明を他人が使用することと譲渡することについて、それを認めるか否かを決定できる権利であるが、その権利の及ぶ範囲は当の特許出願書の請求範囲に記載された事項に限定されることになっ

> ている。したがって、特許の所有者が警告を自分の特許製品に付けていたとしても、つぎのような方法でその特許を独占的に利用できる範囲を拡げることはできない。それは第一に、その特許の利用に必要な機材の使用を制限することである。ただしこの場合には、その機材が当の特許発明のいかなる部分をも含んでいないという条件が入る。その第二は、いったん流通のチャネルへ送り出したあとの特許製品に対して、使用またはロイヤリティに関する恣意的な条件を設けることである。
>
> 　特許の所有者は、自分の発明を組み込んだ機械を発売した後に、どこまでその利用を制限できるのか。この設問に答えるにあたっては、長年のあいだに確立されたルールがものを言う。それは第一に、どんな特許であってもその権利の及ぶ範囲は請求範囲に記載されている発明、それに明細書の説明のなかに読み取れる発明に限定されるということである。また第二に、特許権の所有者は、自分の発明を他人が製造、使用、販売することを制限できる権利はもっているが、それ以上の権利は与えられていない、ということである。さらに第三に、特許法の第一の目的は、個人の財産の創造ではなく、科学と有用な技術の進歩の促進にある、ということである。

映画特許会社は、一九一七年に廃業しました。反エジソン派はどうなったのか。かれらはハリウッドで、新しい監督、新しいスターを使って活気のある映画を作りはじめます。それを中産階級は受け入れるようになります。いっぽうエジソン派は、低劣路線、猥雑路線からなかなか抜け出せません。エジソン自身、『大列車強盗』というモンタージュ理論を先取りしたような作品も例外的には作らせたりしますが、結局はその監督エドウィン・ポーターを追い出してしまいます。こんなぐあいでしたので、中産階級からは見放されました。行き着く先はおのずと明らかですね。

米国政府はじつは一九一四年に反トラスト法を改正しています。クレイトン法といいます。ここに「特許品と否とにかかわらず」という文言が入ります。つまり、特許がらみのものであっても、反トラスト法の運用対象にすると明確にしたわけです。この改正にザ・トラストの事件があるいは影を落としていたのかもしれません。

8　最後の設問

エジソンは映画特許会社を作りました。その意図をどう判断したらよいでしょうか。「よし」と認めるのか、「わるし」と拒むのか。

かれが映画特許会社を作った意図は、まず、利益をあげることにありました。利益を追求するのは企業人として当然でしょう。同時に、ここに寄生する特許権の侵害者を排除する狙いもありました。講義のなかではとくに指摘しなかったのですが、この時代には特許権についても著作権についても、その侵犯が日常茶飯《さはん》のようになされていました。権利侵害の人を排除することも法的には問題のないところですね。特許権にせよ、著作権にせよ、個人の権利です。これを権利者が行使してどこが悪い。こんなエジソンの声が聞こえてくるようです。

反トラスト法を破ったのがいけなかった。こう考える人もいるかもしれません。その反トラスト法ですが、これはすでに紹介したように、原則論はありましたが、細かいルールまでは決まっていませんでした。つまり灰色の部分が広い。行動的な企業家であれば、自分で裁判を起こしてその灰色部分について黒白をはっきりさせたい、と動くはずです。これもエジソンの考え方だったのでしょう。

もう少し、続けます。映画特許会社の設けたシステムについていえば、特許をもたない企業や零細《れいさい》な興行主などは映画市場から退場させられました。かれらは西海岸へと、そして合法と非合法とのすれすれの境遇へと、追われました。優勝劣敗、ということです。

ここで話を一般化させます。システムというものは、その反対者をこのように追い込んでしまいがちです。システムというものは、このように呵責《かしゃく》のない特性をもっています。はっきり言えば、システムというものは、このシステムによって利益を受ける人びとと、このシステムによって損害を被る人びとを作り出します。つまり社会のなかに差別を作り出しますものです。そのシステムが技術的なものであっても、それが制度的なものであっても、この差別は作られます。この傾向は、今日インターネットの普及とともに、ますます顕著になっています。現に「デジタル・デバイド」という言葉も生まれていますね。このときに、そのシステムになじめない人はどうしたらよいのか。そのシステムから外された人はどうしたらよいのか。

そこで最後の設問です。「システムの設計者は、システムの構築者は、そしてシステムの運用者は、システムのもつ呵責のない特性についてどんな判断をなすべきなのか」。この設問をみなさんに残して、この講義を終わります。

質疑に答えて

さて講義は以上です。これから質疑に答えましょう。これまでの講義のなかで、あるいはエジソンについて、質問なり意見があれば、遠慮なく発言してください。

〔質問1〕 いま、なぜエジソンなんですか。ボクたちの興味には合いません。なんとも古めかしい。情報工学とか生命工学とか、この分野の技術者の話をしてほしかったのですが。

そうか。私の講義は「舟ニ刻ミテ剣ヲ求ム」のたぐいだと言いたいのでしょう。えっ、なんのことかって。気になる人はあとで漢和辞典で「刻舟《こくしゅう》」という単語を引いてみてください。ところで質問の答えですが、理由はいくつかあります。

第一に、エジソンが根っからの技術オタクであったということ。エジソンは若い時代にマッカーでした。マッカーがなにかについては第1回の講義でしゃべりましたね。そのマッカーの気分を、つまり技術オタクの気分を、エジソンは晩年までもち続けていたらしい。この技術オタクの醍醐《だいごみ》味を、多少なりとも諸君に伝えたかった。私自身も、かつて技術者の末席を汚したことがあり、この醍醐味をいくぶんかは味わった経験がありますし。

第二に、私は技術の原点がモノ作りにある、と考えるからです。そしてエジソンはこれをよく体現した技術者だった、と私はみています。かれは技術的な課題を「材料」の選択によって解決していることが多いんですね。白熱灯のフィラメント、蓄音機の録音用スズ箔、映画のフィルム、このほかにもこの講義では触れませんでしたが、蓄電池の電極がそうです。この材料の選択のためには、実験や測定を繰り返さなければなりません。だが、この実験にしても測定にしても、なかなか研究者の思い通りにはいかないものなんですね。なぜかと言えば、モノにかかわる現象については、そのなかにあれこれの要因が隠れており、私たちがそれらをコントロールすることがけっこう厄介《やっかい》になるからです。

現在、どの技術分野でもモノ離れが進んでいます。たとえば、生命工学の分野でも、むかしは「イン・ビボ」(生体内実験)、あるいは「イン・ビトロ」(試験管内実験)と言っていましたが、いつしか「イン・シリカ」(コンピュータ内実験)などと言うようになりました。このことは生命工学にかぎりません。金融工学という数式のみの技術も現れてきました。コンピュータに入れてしまえば、そのとたんにモノ離れして舞い上がってしまいやすい。このような技術動向のなかで、モノ作りの着実さにもどって考えてみたらどうか。これが私の意図です。私の出自《しゅつじ》が物理なので、ことさらにこう思うのかもしれませんがね。

第三に、ボクはエジソンが好きなんだよ。これが本音かな。

〔質問2〕 エジソンのどこに魅力があるんでしょうか。先生はエジソンのような俗臭紛々たる人物をお嫌いかと思っていました。

まず、エジソンが技術者として本業を大切にしたことです。かれは発明を本業にしました。その本業を捨てるとか、そこから逃げようなどとは考えませんでした。ここを根城《ねじろ》にしたうえで新事業に進出しています。つまり成功しても、金融業者に変身しようなどとは、まったく考えなかった。この点が気持ちよい。エジソンは「エジソン○○会社」というように自分の名前をつけた企業を30社以上立ち上げています。これは自己顕示《けんじ》欲の現れだったのかもしれませんが、自分のブランドを大切にした、とも理解できますね。

まえの質問で、マッカー気質というものを紹介しましたが、これを現代の技術者の好きな言葉に翻訳すれば、それは「ブレークスルー」ということになるでしょう。この言葉の意味は「できることは、なし遂げる」ということです。

エジソンと同世代にソースタイン・ヴェブレンという経済学者がいました。かれは「制作者本能」という概念を示しました。人間とは仕事を好み、浪費を嫌うという本能をもっているというのが、その意味です。エジソンはこの概念を体現した人であった、こう言ってよいでしょう。

〔**質問3**〕エジソンは成功したといってよいのでしょうか。それとも、失敗したとみたほうがよいのでしょうか。なぜ、こんな質問をするかと言えば、エジソンの発明は、当の発明の直後に実質的に否定されていますよね。電力システムではエジソンの直流はライバルの交流におきかえられました。蓄音機ではエジソンの円筒方式は使われることなく、ライバルの円盤方式になりました。映画でも同じですね。普及したものはエジソンの覗きカラクリ型ではなくてライバルのスクリーン上映型になりました。とすれば、エジソンの功績はどこにあったのでしょうか。

きつい質問ですね。じつはほかにも失敗の記録はあります。第2回の講義でちょっと言及した自動化鉱山がそうですし、また、まったく触れることはできませんでしたが、晩年に打ち込んだ電気自動車もモノにはなりませんでした。だからじつは私も、あなたと同じような疑問をもっています。

はっきりしていることがあります。エジソンが研究のシステム化を図ったという点です。システム化とは、第1回の講義でも話しましたが、多くの要素を一つの繋《つな》がりのなかに置き、これによって個々の要素だけからでは見えなかったことを見つけだすことでしたね。ここにエジソンの新しさがあったといったらどうでしょうか。

それでは、どこで間違ったのか。それはアーキテクチャーの選択においてでした。直列システムも並列システムも、それぞれにきちんとしたアーキテクチャーですね。その選択において眼が曇った、ということでしょうか。なぜか。アーキテクチャーというものはユーザーの嗜好にも合致《がっち》しなければなりません。この点がエジソンのアキレス腱になった、ということでしょう。技術オタクだったので、ユーザーの好みにまで眼が及ばなかった。レコードや映画においてみられたコンテンツ軽視の態度がこれをはっきりと示していますね。

話がそれますが、失敗した技術開発は今日でもやたらとあります。大規模な例では、SDI、つまり「戦略防衛構想」がありました。これは尻拭《ぬぐ》いを米国の市民がさせられましたが、エジソンは自分の失敗のツケは自分で処理しました。

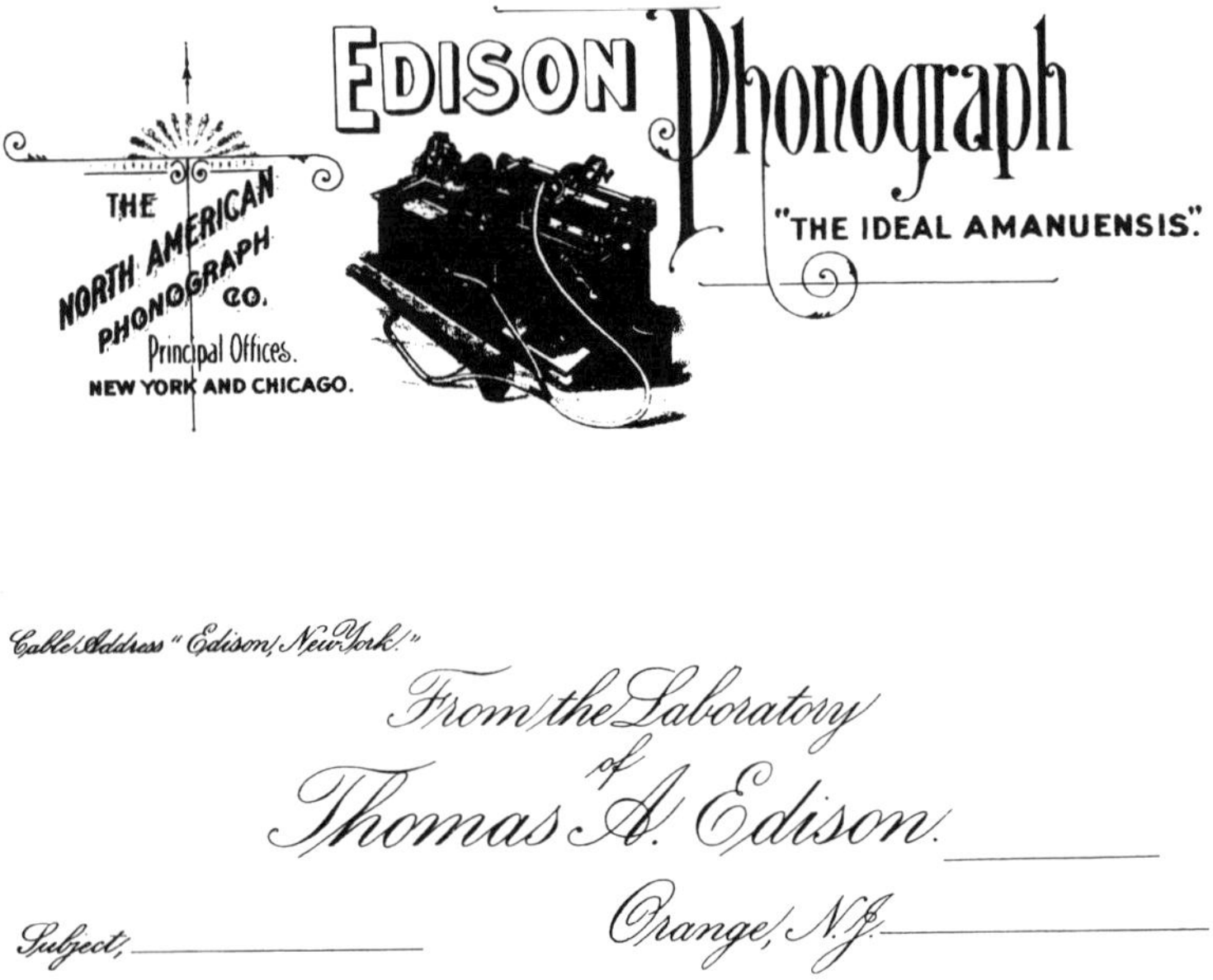
EDISON Phonograph
"THE IDEAL AMANUENSIS."
THE NORTH AMERICAN PHONOGRAPH CO.
Principal Offices.
NEW YORK AND CHICAGO.

Cable Address "Edison, New York."
From the Laboratory
of
Thomas A. Edison.
Subject,
Orange, N.J.

エジソンが使っていた用箋のレターヘッド

〔質問4〕当時の資本家は、研究のシステム化といった目新しいことに、よくオカネを出しましたね。そんなに見通しがよい資本家がいたのでしょうか。とても考えられませんが。

エジソンは「電信→蓄音機→白熱灯→映画→鉱山→電気自動車」とつぎつぎに新しい分野に手を出しました。これは、事業機会をつぎつぎに作る、というビジネス・モデルでもありますね。事業機会があれば、そこに資金が集まる。このモデルのなかでエジソンは、短期的には、そこそこ成功の実績をあげた、ということでしょう。

事業機会をつぎつぎと作って世間の眼を幻惑する、このビジネス・モデルは今日の日本でも生きていますね。いや、エジソンの時代よりももっと激しいのかもしれません。現に、インターネット関連のビジネスをめぐって、「イヌの加齢」とか「ウェブ2・0」とか、関係者を駆り立てるようなスローガンがつぎつぎに現れています。

とはいうものの、資本家たちはエジソンが走り過ぎるのを好みませんでした。電力事業が軌道にのると、たくさんあった「エジソンなんたら会社」「エジソンかんたら会社」を、株主としての特権を利用してジェネラル・エレクトリック会社に編成替えしてしまいました。これはエジソンの独走をくい止めるためでした。身勝手なものですね。

〔質問5〕先生のお言葉ですが、当事者や関係者を駆り立てるビジネス・モデルのどこに問題があるのでしょうか。ビジネスや技術が活性化され、そこに生き甲斐《がい》を感じる人があって、また、それで金儲けをする人がいて、なにがいけないのでしょうか。

エジソン自身がそうなんだよね。彼はどんな逆境にあっても、技術について楽天的な見方を失うことはありませんでした。その自動化鉱山について世人が「愚行」と揶揄《やゆ》したときにも、エジソンは怯《ひる》みませんでした。これがブレークスルーというものですね。この「ブレークスルー」という言葉を使うとき、多くの場合、技術者はこの言葉がよい価値を作りだすものと考えています。だが、そうでない場合もあるのではないかな。こんな意見を私はもっています。その理由については、とっさにうまく言えない。ちょっと待ってね。

〔質問6〕いま、エジソンの自動化鉱山を当時の人は愚行と評した、とおっしゃいました。たしか第2回講義の米国式生産のところで、その自動化鉱山をすばらしかった、と先生は紹介なさいました。当時の人の評価を先生が否定なさる理由はどこにあるのでしょうか。

あとの人間には、同世代の人びとには見えなかったことが見えます。これが技術史を勉強する楽しみですね。

エジソンの狙ったものは製鉄でした。当時の製鉄はベッセマー法、転炉法といった化学反応を利用するものでした。エジソンはここに磁気選鉱という新しい方法をもって参入しました。まず、磁気探査で鉱床を発見する。ここがユニークですね。鉱床がここと決まれば、そこに巨大な砕石装置にローラーと電磁石とをベルトコンベアでつなげた選鉱一貫工場を作る。これも破天荒《はてんこう》でした。システムとしては単純明快ですね。単純明快であれば、第1回の講義で述べたように、応用分野を拡大できます。くわえて不具合の発生も少ないはずです。これがシステム技術者としての私が惹かれる理由です。

とはいうものの、じつは不具合は続出したという記録が残っています。要素技術が未熟だったということ、また、システム自体を枯らすまで稼働できなかった、ということがあるのかもしれません。

業界誌の『電気技術者』は「人間労働の驚くべき不在」と論評したようです。これは褒《ほ》め言葉です。また、これも業界誌でしたが『鉄の時代』は「いままでの慣行を完全に棚上げし、だれも到達できなかった結果に到達している」（橋本毅彦訳）と褒めちぎっていました。

だが、自動化鉱山はあっけなく閉山してしまいます。ここが「愚行」と評されるゆえんでしょう。なぜか。たまたまこの時期に新しい鉱山が発見され、ここから良質かつ安値の鉱石がどっと市場にでてきたためでした。ついでに言いますと、のちの電気自動車の開発もテキサス油田の発見で頓挫《とんざ》してしまいます。いずれにしてもエジソンには運がなかった、ということですね。事前の市場調査をもっとやっておけばよかった、ということかもしれません。ここに技術オタクの限界があったのかもしれませんね。

話がごたごたしましたが、自動化鉱山はのちにセメント鉱山として再生します。自動化鉱山の構想も、二〇世紀半ばに二つのサイトで復活しています。技術的なアイデアとしては筋がよかったということでしょう。

私が不満なのは、なぜかエジソンの自動化鉱山について文献が少ないことです。私自身、何かないかと探してみましたが、やっと一編を見つけた程度です。数あるエジソン伝を見ても、このテーマについては他人の記述を引用してお茶をにごしている感じです。いったんダメという刻印が付けられると、それをきちんと追いかける人がいないということなのでしょうか。

〔質問7〕エジソンの時代、米国市民の技術観はいったいどんなものだったのでしょうか。

一九〇〇年につぎのような広告が出ています。「ついに！ネクタイ用電球。1ドル半。強力なポケット型蓄電池と全付属品付。郵便為替可」だって。現代の日本でも、セキュリティ・カードや携帯電話をネクタイのように吊るしている人が多いが、気分は同じでしょう。

エジソンと同時代のフランスに、ヴィリエ・ド・リラダンという作家がいました。この人は『未来のイヴ』という小説を書いていますが、これはエジソンがアンドロイド、つまり人工知能付きの人形を作る物語です。つまり、同世代の人びとはエジソンをマッド・サイエンティストの一人と見ていたようです。そういえば、エジソンを「メンローパークの魔術師」とも呼んでいました。このへんにこの時代の人びととの技術観があるのかもしれませんね。

いや、どうかな。今日でも技術を魔術とを混同している人が多いのではないか。そこで諸君に反問したい。「技術と魔術とは同じか違うか。違うとすればどこが違うのか」。

〔質問8〕エジソンにはエポノミーはないのですか。

ごめん、忘れていました。第1回の講義でエポノミーの話をしましたね。それは学問上の後輩が先輩をたたえる制度でした。エジソン自身については、この点、どうなのか。これが質問の趣旨ですね。

じつはエジソンにも「エジソン効果」というエポノミーがあります。エジソンが白熱灯の開発過程で、史上最初の真空管を作っていたという話をしました。当時の人はこの現象の深い意味には気づかないまま、これを「エジソン効果」と呼んでいました。エジソン自身もその発見の先に拡がっている技術分野を予見することができませんでした。自分のしくじった分野においてエポノミーを獲得できた。なんとも皮肉な話ですね。

エポノミーではないのですが、エジソンの残した言葉を英語圏の人びとは毎日のように使っています。それは「ハロー」という電話の呼び声です。

〔質問9〕エジソンは電気椅子の開発に熱心だったとか。倫理的にどうかと思いますが。

先生のご意見は。

この質問、あるだろうな、とは予想していましたが、やはり、出ましたか。電力事業でエジソンのライバルになったのはウェスティングハウス社であり、その中核には交流技術がありました。エジソンはこの交流技術を叩かなければなりませんでした。このときにエジソンは直流は安全であるが交流は危険であるというキャンペーンを張りました。このために、かれはイヌやネコを交流で感電死させる実験をやりました。

あげくのはてに、かれは死刑のために電気椅子を使えと州政府に提案し、それを交流で操作するように仕向けました。電気椅子に流すということで、交流の評判を落とそうと企《たくら》んだわけです。これが、エジソンが電気椅子に入れ込んだことの真相です。

これを倫理的にどう評価するのかって。このときにエジソンにはそこそこの社会的な名声もあったし、年齢も40歳代、それなりの分別《ふんべつ》があってもよかったはずです。エジソン贔《び》屓《いき》の私としても、弁護の余地はありませんね。

ただし、こんなことを言うと誤解されそうなので、黙っていたほうがよいのかもしれませんが、エジソン世代の人びとには若い頃に街頭で公開処刑をみた人が少なからずいたはずです。そのような時代の人びとのもっていた倫理観を現在の倫理観で律することができるのかな。私にはためらいがあります。

〔**質問10**〕エジソンには「天才とは、1パーセントの閃《ひらめ》きと99パーセントの汗である」という有名な語録がありますね。この意味をどう解釈したらよいのでしょうか。1パーセントの閃きがなければ、どんなに汗を流してもムダだよ、と言いたいのか、多少の閃きがあっても、たくさんの汗を流さなければダメだよ、と言っているのか。どちらなんでしょうか。

エジソンに即して考えてみましょうか。まず、汗のほうはどうか。オリエンテーションで紹介したラトガース大学の『エジソン資料集』ですが、350万ページになります。また、エジソンの特許の数ですが、これは第3回の講義で紹介したように、1093件にのぼります。

数が多いというだけではありません。『エジソン資料集』をみても、特許明細書をみても分かるのですが、エジソンは多くの技術を同時並行的に開発しています。たとえば30歳そこそこのエジソンは、蓄音機、電話機、白熱灯、ダイナモ、選鉱に手をつけていました。これを99パーセントの汗が支えていたのでしょう。

それでは閃きのほうはどうなのか。第1回講義のジェール、第2回講義のバチェラーの回顧を思い出してほしい。どちらもエジソンが卓抜《たくばつ》な閃きの持ち主だったことを示しています。その閃きはどんなものであったのか。バチェラーの追想がその秘密を語っていますね。繰り返せば、蓄音機のアイデアを電信と電話の技術から思いついていましたね。つまり、ある領域の経験がべつの領域にアイデアをもたらす。ここにエジソンの秘密があったのでしょう。とすれば、エジソンの複数主題に関する同時並行的な開発路線には、大きい意味があった、といえます。これを現代の技術者は「協力現象」あるいは「シナージー効果」と呼んでいます。

つまり、閃きも汗も必要ということですね。これで発明という本業に挑んだ。ここに制作者本能が認められますね。ただし「私は…」というべきところで「天才とは…」といったのはご愛嬌《あいきょう》ですね。

〔**質問11**〕さきほど「ブレークスルー」の説明について、先生のお答えは十分ではありませんでした。そこでまえの質問にもどりますが、「ブレークスルー」って、問題があるのではないでしょうか。エジソンが映画特許会社を作って、市場を不法に制覇《せいは》したというのも、このブレークスルーの衝動によって悪しき方向に押されたからではないのですか。

よい質問です。技術というものがあれこれの社会秩序と絡《から》み合っているところでは、技術を一途《いちず》に推し進めるということには、一考あってしかるべし、と私は思います。だから私は、それが新しい技術である場合には、その技術を社会のなかに作り込むにあたって慎重な配慮が必要だ、と考えます。なんに対する配慮かといえば、その技術の影響の及ぶところにどんな人びとがおり、その人びとにどんな影響を与えるのか、これを見極めることです。

技術者は、ともすれば、自分たちの作り上げた技術に誇りをもっているために、それを確実なもの、信頼すべきもの、と思い込みがちです。だが、そうした技術であっても、ときに破綻《はたん》します。ときに暴走します。

エジソンからは離れてしまいますが、一つの事実を紹介しましょう。コンピュータ二〇〇〇年問題というのがありました。コンピュータの旧いプログラムに不具合があり、これが二〇〇〇年一月一日になったとたんに暴走するかもしれないという予想を指しました。当時、政府も企業も個人も地球規模的にこの予想に巻き込まれて右往左往しました。この予防に投じられたコストは全世界で２０００億ドルともいわれていますが、はっきりしたことは不明です。現実には危機を避けることができましたが、対策が有効に働いたためなのか、そんな危機をもたらす不具合は最初からなかったのか、これも肝心な点は不明のまま残されています。

この例は「ブレークスルー」などと粋《いき》がっても、じつは技術者が責任をもてる範囲ってごくごく狭いのではないの、ということを示しています。これが技術の破綻、あるいは技術の暴走、と私がいま言ったことにつながります。

ということで、どんなに自信をもてる技術についても、その提案に際しては、その技術に対するいくばくかの疑い、いくばくかのためらい、あるいは含羞《がんしゅう》といってもよいかもしれませんが、そういったものが技術者にはほしい。

最初に私はエジソンが好き、と言いましたが、こと、この点については、エジソンの仕種に違和感をもちます。

〔質問12〕 先生がエジソンに関心をもたれたのはどんなきっかけからですか。

小学生のときに『エヂソン』という伝記を読んだためです。新潮文庫だったという記憶が残っているだけで、著者も中身もすっかり忘れていました。だがその文体の熱っぽさだけは、ずっと私のなかに残っていました。退役《たいえき》したあとで、私はあるところで、この本を戦中戦後の混乱のなかで無くしてしまったが、そのすばらしかった文体は記憶に残っている、と書いたことがあります。

ところが思いがけなくも、この拙文《せつぶん》に眼をとめられた和田昭允《わだあきよし》さんが、ありがたいことに、未知の私に、これだろう、とその本を送ってくださいました。それが、第2回の講義で引用した深澤正策の『エヂソン』でした。昭和一六年一一月二四日発行——日米戦争開始の二週間前——とあります。六〇数年を経て改めて読んでみると、闊達な文章で、なるほど、この気迫が小学生にも伝わったんだな、と思いました。この文章に肩を叩かれて、私は後年、技術者を志したような気がします。少年期に、よい本にめぐりあえたと思っています。

話をもどしますが、この本にいかれてしまった少年の私は、大人になってからも、いつの日かエジソンについて調べてみたい、と思っていました。幸いにも古希になったときにそれを『起業家エジソン』という本にまとめることができました。じつはこの本のあとがきに、いま言った新潮文庫の思い出を書いたのでした。

だから、エジソンについて語るのはこれが二回目ということになります。今回の講義に興味をもってくれた人がいたら、こちらも読んでください。白熱灯以前のエジソン、映画以降のエジソンについても、それなりに紹介したつもりです。

この本は、私がエジソンをテーマとした二冊目の本です。ただし、新しく集めた資料を使った部分も少なくありません。とくに異なる点は、前の本ではエジソンの仕事に密着しましたが、今度の本では「エジソンを超える」という視点をとったことです。私はオリエンテーションで「エジソンを超える」と言いました。システムの公共性、ブレークスルーへの疑義、技術者の社会的責任——これらを考えることに「エジソンを超える」の意味があります。つまり「理系の想像力」というものを理学のなかに閉じ込めてはいけない、あるいは「工学系の想像力」というものを工学のなかに封じ込めてはいけない、ということです。この問題について諸君と一緒《いっしょ》にその是非を確かめてみたい。これがこの講義の狙いでした。

もしあなた方のなかに、私のこの課題の立て方に異論をもつ人がいたら、いつでもよい、私のところに議論をしにきてください。楽しみにしています。

エジソン関連年表

	エジソン	エジソン周辺	社会的・技術的環境
一八二六			オームの法則
一八三一			電磁誘導の発見
一八三六			米国特許法改正
一八四二			ジュールの法則
一八四七	出生		
一八五一			ロンドン万国博覧会 「米国式生産原理」の概念
一八六一			南北戦争
一八六三	電信士見習い		
一八六七	ファラデーを読む		
一八六九	フリーランサー発明家		最初の大陸横断鉄道
一八六九	最初のエジソン特許		周期律の発見

一八七六	メンローパーク研究所		
一八七八	最初のフォノグラフ特許 エジソン電気照明会社	スワンの白熱灯特許	
一八七九	最初の白熱灯特許 発電機改良		
一八八一			パリ国際電気博覧会
一八八二	電力事業開始	マレイの写真銃発明	
一八八三	エジソン効果発見		工業所有権パリ条約 米国電気技術者協会
一八八四		イーストマンのロール・フィルム特許	
一八八五		ベル＆テインターのレコード特許	リラダン『未来のイヴ』
一八八六		ウェスティングハウスの交流システム稼働	
一八八七	ウェストオレンジ研究所	ベルリナーのレコード特許	
一八八八	フォノグラフ工場 反交流キャンペーン	ル＝プランスの映画特許	
一八九〇	自動化鉱山稼働		シャーマン法

一八九二	ジェネラル・エレクトリック社設立		
一八九三	最初のキネトスコープ特許		
一八九四	エジソン（映画）製造会社	レイサムの映画特許	
一八九六	映画特許訴訟開始		
一九〇一		アーマットの映画特許	
一九〇四	映画特許訴訟再開		
一九〇八	ザ・トラスト結成		
一九〇九		独立系映画会社出現	
一九一三			フォードの生産自動化
一九一五	トーン・テスト		
一九一七	ザ・トラスト敗訴、解散		米国、第一次世界大戦に参戦
一九一八	映画事業から退出		
一九二六	引退		
一九二九	レコード事業から退出		大恐慌
一九三一	死去		

読書案内

エジソン資料

◎Jenkins, Reese V. et al. (eds.), "The Papers of Thomas A. Edison", vol. 1-5, Johns Hopkins University Press, 1989, 1991, 1994, 1998, 2004

◎MaClure, J. B. (ed.), "Edison and His Invention", Rhodes & MaClure Publishing, 1889

エジソン伝記

◎木村哲人『発明戦争――エジソンvsベル』筑摩書房、一九九四

◎名和小太郎『起業家エジソン――知的財産・システム・市場開発』朝日新聞社、二〇〇一

◎深澤正策『エヂソン』新潮社、一九四一

◎山川正光『図説エジソン大百科』オーム社、一九九七

◎ジョセフソン（マシュー）『エジソンの生涯』（矢野徹・他訳）、新潮社、一九六二（原著、一九五九）

◎ミラード（アンドレ）『エジソン発明会社の没落』（橋本毅彦訳）、朝日新聞社、一九九八（原著、一九九〇）

◎ボールドウィン（ニール）『エジソン――二〇世紀を発明した男』（椿正晴訳）、三田出版会、一九

九七（原著、一九九五）
◎Bryan, George S., “Edison: The Man and his Work”, Alfred A. Knopf, 刊行年不詳
◎Conot, Robert, “Thomas A. Edison: A Streak of Luck”, Da Capo Press, 1979
◎Cramer, Carol (ed.), “Thomas Edison”, Greenhaven Press, 2001
◎Elfun Society, “The Edison Era, 1876-1892: The General Electric Story”, The Algonquin Chapter Elfun Society, 1976
◎Israel, Paul, “Edison: A Life of Invention”, John Wiley & Sons, 1998
◎Jehl, Francis, “Menlo Park Reminiscences” vol. 1-2, Dearborn, 1934, 1941
◎MacInnes, Margo (ed.), “Menlo Park Laboratory”, Henry Ford Museum & Greenfield Village, 1990
◎Melosi, Martin V., “Thomas A. Edison and the Modernization of America”, Harper Collins, 1990
◎Pretzer, William S., “Working at Inventing: Thomas A. Edison and the Menlo Park Experience”, Henry Ford Museum & Greenfield Village, 1989
◎Vanderbilt, Byron M., “Thomas Edison, Chemist”, American Chemical Society, 1971

電力

◎朝日百科編集部編『ガスと電気——工学の誕生』朝日新聞社、一九九〇
◎北村正一「電気機械発達初期の技術史的問題」『科学史研究』56号、23ページ、一九六〇
◎高木純一『電気の歴史——計測を中心として』オーム社、一九六七
◎高田誠二「温度計のルーツ」『計測と制御』24巻12号、35ページ、一九八五
◎宮原淳二『「白い光」のイノベーション——ガス灯・電球・蛍光灯・発光ダイオード』朝日新聞社、

二〇〇五
◎山崎俊雄・木本忠昭『電気の技術史』オーム社、一九七六
◎ヒューズ（T・P・）『電力の歴史』（市場泰男訳）、平凡社、一九九六（原著、一九八三）
◎ベルトラン（A・）&カレ（P・A・）『電気の精とパリ』（松本栄寿・小浜清子訳）、玉川大学出版部、一九九九（原著、一九九一）
◎フレミング（J・A・）『近代電気技術発達史』（奥村正二訳）、科学主義工業社、一九四二（原著、一九二一）
◎メンデレーエフ（D・I・）「元素の性質と原子量の関係について」（阪上正信訳）（原著、一八六九）、日本化学会編『化学の原典8――元素の周期系』学会出版センター、一九七六
◎モラン（リチャード）『処刑電流――エジソン、電流戦争と電気椅子の発明』（岩舘葉子訳）、みすず書房、二〇〇四（原著、二〇〇二）
◎Bazerman, Charles, "The Language of Edison's Light", MIT Press, 1999
◎David, Paul A. & Julie Ann Bunn, 'The Economics of Gateway Technologies and Network Evolution : Lessons from Electricity Supply History', *Information Economics and Policy*, v. 3, pp. 165-202, 1988
◎Edison Lamp Works (ed.), "Pictorial History of the Edison Lamp", Edison Lamp Works, 刊行年不詳
◎Finn, Bernard S. et al., "Lighting a Revolution : The Beginning of Electric Power", National Museum of American History, 1979
◎Nye, David E., "Electrifying America : Social Meaning of a New Technology", MIT Press, 1990
◎Passer, Harold C., "The Electrical Manufacturers, 1875-1900 : A Study in Competition, Entrepreneurship, Technical Change, and Economic Growth" Arno Press, 1972

蓄音機

◎岡俊雄『レコードの世界史——SPからCDまで』音楽之友社、一九八六
◎早坂寿雄『音の歴史』電子情報通信学会、一九八九
◎山川正光『オーディオの一世紀——エジソンからデジタルオーディオまで』誠文堂新光社、一九九二
◎ウッド（ゲイビー）『生きている人形』（関口篤訳）、青土社、二〇〇四（原著、二〇〇二）
◎ジェラット（ローランド）『レコードの歴史——エディソンからビートルズまで』（石坂範一郎訳）、音楽の友社、一九八一（原著、一九七七）
◎リース（クルト）『レコードの文化史』（佐藤牧夫訳）、音楽之友社、一九六八（原著、一九六六）
◎Batchelor, Charles, ‘Recollections of the Phonograph Invention’, 1906 in Welch & Burt
◎Bergonzi, Benet, “Old Gramophones and other Talking Machines”, Shire Publications, 刊行年不詳
◎Frow, George L., “Edison Cylinder Phonograph Companion”, Stationery X-Press, 1997
◎Frow, George L., “The Edison Disc Phonographs and the Diamond Discs : A History with Illustrations”, Flo-Print, 1982
◎Gillett, W., “The Phonograph : And How to Construct It with a Chapter on Sound”, E. & F. N. Spon, 1892
◎Gitelman, Lisa, “Scripts, Grooves, and Writing Machines : Representing Technology in the Edison Era”, Stanford University Press, 1999
◎Millard, Andre, “America on Record : History of Recorded Sound”, Cambridge University Press, 1995
◎Welch, Walter L. & Leah Brodbeck Stenzel Burt, “From Tinfoil to Stereo : The Acoustic Years of the

Recording Industry, 1877–1929" University Press of Florida, 1994

映画

◎サドゥール（ジョルジュ）『世界映画全史』（村山匡一郎・他訳）v. 1-5, 国書刊行会、一九九五（原著、一九四八—五一）

◎ジェンキンズ（リーズ・V）『フィルムとカメラの世界史——技術革新と企業』（中岡哲郎・他訳）、平凡社、一九九八（原著、一九七五）

◎スクラー（ロバート）『アメリカ映画の文化史——映画がつくったアメリカ』（上）（鈴木主税訳）、講談社、一九九五（原著、一九七五）

◎ツェーラム（C・W・）『映画の考古学』（月尾嘉男訳）、フィルムアート社、一九七七（原著、一九六五）

◎ローレンス（クリストファー）『エジソンに消された男——映画発明史の歴史を追って』（鈴木圭介訳）、筑摩書房、一九九二（原著、一九九〇）

◎Jenkins, Reese V., 'Technology and Market: George Eastman and Origins of Mass Amature Photography', in Stephen H. Lutcliffe & Terry S. Reynolds (eds.), "Technology & American History", University of Chicago Press, 1997

◎Musser, Charles, "Before the Nickelodeon: Edwin S. Porter and the Edison Manufacturing Company", University of California Press, 1991

◎Musser, Charles, "Thomas A. Edison and his Kinetographic Motion Pictures", Rutgers University Press, 1995

◎Spehr, Paul C., "The Movies Begin : Making Movies in New Jersey, 1887-1920", Newark Museum, 1977

技術史

◎名和小太郎『技術標準 対 知的所有権——技術開発と市場競争を支えるもの』中央公論社、一九九〇
◎森杲『アメリカ職人の仕事史——マス・プロダクションへの軌跡』中央公論社、一九九六
◎国際電気通信連合（訳者不明）『腕木通信から宇宙通信まで』国際電信電話、一九六八（原著、一九六五）
◎シンガー（チャールズ）他『技術の歴史』（高木純一訳編）9 - 10巻、筑摩書房、一九七九（原著、一九五五—七八）
◎ハウンシル（A・デーヴィッド）『アメリカン・システムから大量生産へ：1800-1932』（和田一夫・他訳）、名古屋大学出版会、一九九八（原著、一九八四）
◎マイヤー（オットー）&ロバート（C・ポスト）『大量生産の社会史』（小林達也訳）、東洋経済新報社、一九八四（原著、一九八一）
◎Barger, Harold & Sam H. Schurr, "The Mining Industries, 1899-1939 : A Study of Output, Employment and Productivity", Arno Press, 1975
◎Hindle, Brooke & Steven Lubar, "Engines of Change : The American Industrial Revolution 1790-1860", Smithsonian Institution Press, 1986

特許

◎石井正『知的財産の歴史と現代』発明協会、二〇〇五
◎大河内暁男『発明行為と技術構想――技術と特許の経営史的位相』東京大学出版会、一九九二
◎特許庁工業所有権制度史研究会編『特許制度の発生と変遷』大蔵省印刷局、一九八二
◎名和小太郎「コモンズの悲劇、反コモンズの悲劇」『情報管理』47巻、二八六ページ（二〇〇四）
◎ウィーナー（ノーバート）『発明――アイディアをいかに育てるか』（鎮目恭夫訳）、みすず書房、一九九四（原著、一九九三）
◎Billington, David P., "The Innovators: The Engineering Pioneers Who Made America Modern", John Wiley & Sons, 1996
◎Heller, Michael & Kebecca Eisenberg, 'Can Patents Deter Innovation? The Anticommons in Biomedical Research', *Science*, v. 310, 1 May, p. 698, 1998
◎Janssen, Barbara Suit (ed.), "Icons of Invention: American Patent Models", Smithsonian Institution, 1990

判例

◎Edison v. American Mutoscope Co., 114 F. 926; 1902 U. S. App. LEXIS 4161
◎Motion Picture Patents Company v. Universal Film Manufacturing Company et al., 243 U. S. 502; 37S. Ct. 416; 61 L. Ed. 871; 1917 U. S. LEXIS 2017
◎United States v. Motion Picture Patents Co. et al., 225 F. 800; 1915 U. S. Dist. LEXIS 1314

その他

◎リラダン（ヴィリエ・ド・）『未来のイヴ』（上）（下）（渡辺一夫訳）、岩波書店、一九三八（原著、一八八五）

ビデオ

◎"Edison Effect", v. 1-3, A & E Television Network, 1995

◎"Film before Film", ダゲレオ出版、一九九三

◎"Thomas A. Edison", A & E Television Network, 1996

CD

◎"Two-Minute Wax Cylinder", v. 1-3, Glenn Sage, 1996-97

図版出所

図 1 - 1　US Patent, No. 265,786

図 1 - 2　H. Passer, "The Electrical Manufacturers", p. 81

図 1 - 3　日本化学会『化学の原典』, v. 8, p. 6

図 1 - 4　"The Papers of Thomas A. Edison", v. 4, p. 554

図 1 - 5　US Patent, No. 223,898

図 1 - 6　F. Jehl, "Menlo Park Reminiscences", p. 203

図 1 - 7　"The Papers of Thomas A. Edison", v. 4, p. 827

図 2 - 1　"The Papers of Thomas A. Edison", v. 3, p. 443

図 2 - 2　"The Papers of Thomas A. Edison", v. 3, p. 250

図 2 - 3　"The Papers of Thomas A. Edison", v. 4, p. 13

図 2 - 4　"The Papers of Thomas A. Edison", v. 3, p. 652

図 2 - 5　国際電気通信連合『腕木通信から宇宙通信まで』, p. 29

図 2 - 6　G. Frow, "The Edison Disc Phonographs", p. 246

図 3 - 1a, b　US Patent, No. 493,426

図 3 - 2　P. Israel, "Edison", p. 293

図 3 - 3　US Patent, No. 589,168

図 3 - 4　US Patent, No. 707,934

著者紹介
名和小太郎（なわ・こたろう）
一九三一年生まれ。工学博士。石油資源開発（地震探査法の開発）、旭化成（ロケット・エンジンの開発等）、旭リサーチセンター（技術政策の研究）、新潟大学教授および関西大学教授（法情報学の研究）を経て、現在、情報セキュリティ大学院大学特別研究員。著書に『科学書乱読術』『起業家エジソン』（以上、朝日新聞社）、『学術情報と知的所有権』（東京大学出版会）、『ディジタル著作権』『情報セキュリティ』（以上、みすず書房）、『情報の私有・共有・公有』（NTT出版）ほか多数。

理想の教室
エジソン　理系の想像力

二〇〇六年八月二十八日　印刷
二〇〇六年九月　八　日　発行

著者——名和小太郎
発行所——株式会社　みすず書房
東京都文京区本郷五—三二—二一
〇三—三八一四—〇一三一（営業）
〇三—三八一五—九一八一（編集）
http://www.msz.co.jp

本文印刷所——三陽社
表紙・カバー印刷所——栗田印刷
製本所——誠製本

ISBN 4-622-08323-X

《理想の教室》より

『パンセ』数学的思考	吉永良正	1365
ヒッチコック『裏窓』ミステリの映画学	加藤幹郎	1365
ビートルズとは何だったのか	佐藤良明	1365
『白鯨』アメリカン・スタディーズ	巽　孝之	1365
『動物農場』ことば・政治・歌	川端康雄	1365
ワールドカップの世界史	千田　善	1365
「日本国憲法」まっとうに議論するために	樋口陽一	1575

（消費税 5%込）

みすず書房

関連書

ディジタル著作権 二重標準の時代へ	名和小太郎	3675
情報セキュリティ 理念と歴史	名和小太郎	3780
処刑電流 エジソン、電流戦争と電気椅子の発明	R.モラン 岩舘葉子訳	2940
マリー・キュリー 1・2	S.クイン 田中京子訳	各 5565
科学の未来	F.ダイソン はやし・はじめ/はやし・まさる訳	2730
転回期の科学を読む辞典	池内了	2940
寺田寅彦と現代 等身大の科学をもとめて	池内了	2730
磁力と重力の発見 1-3	山本義隆	I II 2940 III 3150

(消費税 5%込)